入りにくいけど素敵な店

木村悦子

交通新聞社

日本初の入りにくい店ガイドです。でも、入ればきっとパラダイス。お気に入りを見つけてください！

「入りにくい店」とは、看板のない店、中が見えない店、雑居ビルの一室にある店、冷やかしでは入れなさそうな個人店などのこと。飲食店以外に、「この道一筋○十年」といった専門店なども対象としました。

また、古ぼけていい味出している店（個人的にはこういうタイプが大好き）だけでなく、超一流すぎて気後れする店も入れています。

そういうところは、「わたしなんかが行っていいの？」という〝下から目線〟から取材をはじめたので、「最初はおっかなびっくりでもだんだんなじんで最後にはちゃんと楽しめるんだな」という、よい例を読者のみなさまに示せた気がします。

最初はドキドキしながらでも、素敵な店では店主や常連さんたちが、振る舞い方やマナーを語らずとも伝えてくれます。

さて、「入りにくいけど素敵な店という本を書いておりまして……」と、取材を希望する店の方に説明すると、「えっ!?」と怪訝《けげん》な対応をされることもありました。

ですが、趣旨に賛同しておもしろがってくださるところも少なくありませんでした。遊び心ある企画を理解してくれるのも、入りにくいけど素敵な店の特徴かもしれません。

そんな個性的な店ばかりを集めたらディープな内容の本ができあがりました。成功です。一般的な情報誌にはない感じの店のラインナップを見るだけでも顔がニヤニヤしてきます。

本書に載せた文章は、わたしの体験を軸にしたものなので、みなさんが訪れれば、また違った感想をお持ちになるでしょう。それもまた、楽しいことだと思います。

では、一緒に扉を開きましょうか!

もくじ

第3章 扉の向こうに物語あり！ 大人が遊ぶ〝夜の店〟

第6章 知らないだけで、行けばハマる技術とサービスのあんな店

＊本書の内容は２０１５年６月現在のものです。

第1章

店主が個性的すぎる宇宙的飲食店

この楽しさは言語化できない　加賀屋 in 新橋

笑って飲んで、謎の多幸感が押し寄せる無敵のエンタメ系居酒屋

親しみやすい外観で、飲み屋街で見かけるとついつい入ってしまう『加賀屋』。『加賀廣』や『加賀藤』など、微妙に違う店名のところもあるが、どこも基本的には暖簾《のれん》分けで生まれた同一ルーツらしい。お店ごとに料理や価格が違うのだが、たいていモツ煮込みやモツ焼き、ホッピーが名物で、これらを頼めば失敗がない。神楽坂の加賀屋なんて、〝Almost Heaven（ほぼ天国のような場所）〟で、お酒も料理も超美味。

ところで新橋の加賀屋をご存じだろうか？　ここは加賀屋グループではなく、戦後すぐから酒屋の一角でコップ酒を出すようなスタイルのお店だったという。現店になってから完全エンタメ系に業態を変えたらしい。ネット上に探訪レポートがいくつかあるが、なんだかヤバイ雰囲気……。自分が勇気を出して行くか？　と考えると、楽しそうだがちゅうちょしてしまう。実はこれまでに店をのぞいたことがあるのだが、い

◉神楽坂の加賀屋
ホッピーと厚切りベーコン、煮込みがおいしくて安くておすすめ。ホッピーを1杯飲み干すと、すぐにナカ（おかわり焼酎）がドボドボ注がれ、とても酔うので要注意（でも楽しい）。新宿区赤城元町3-1。

つもお店の外まで続く大行列。入りにくいどころか、物理的に入れない。店主に「時間を置いてまたのぞいてよ。電話してくれてもいいし」と言われたので、近くで時間をつぶして電話をしても「まだ混んでるよ」と、なんだかぶっきらぼう。

実は、以前このお店を一緒にのぞいた仲間は、「日本エクストリーム出社協会」代表のAさん。「会社がつらい。行きたくない」と思ったのをきっかけに、出社前の時間を楽しむ「エクストリーム出社」を考案した〝楽しみ方の達人〟だ。「そろそろ再チャレンジしましょうよ！」という提案を受け、お店の前に20時に待ち合わせた。

お店は地下だ。看板の「ほのぼの料理の かがや は、ここだってサ。。。」と、謎の余韻を残すコメントが怖い。ウサギさんとカエルさんとクマさんの正面顔イラストも怖

居酒屋激戦区で、個性的な看板が他を圧倒。これが日本一おもしろい居酒屋だとは夢にも思わないだろう。

◉エクストリーム出社
出社前に観光、海水浴、登山などのアクティビティをこなしたのち、定刻までに出社をするエクストリームスポーツ。このスポーツのプレイヤーは、一般的な通勤者と区別して、「出社ニスト」と呼ばれる。

しっかり味が染みた肉じゃがは、しみじみ美味い。

おしぼり運びだけでこの盛り上がり。外国人苦笑。

お酒のアテにぴったりの漬物にいたるまで、いいお味。

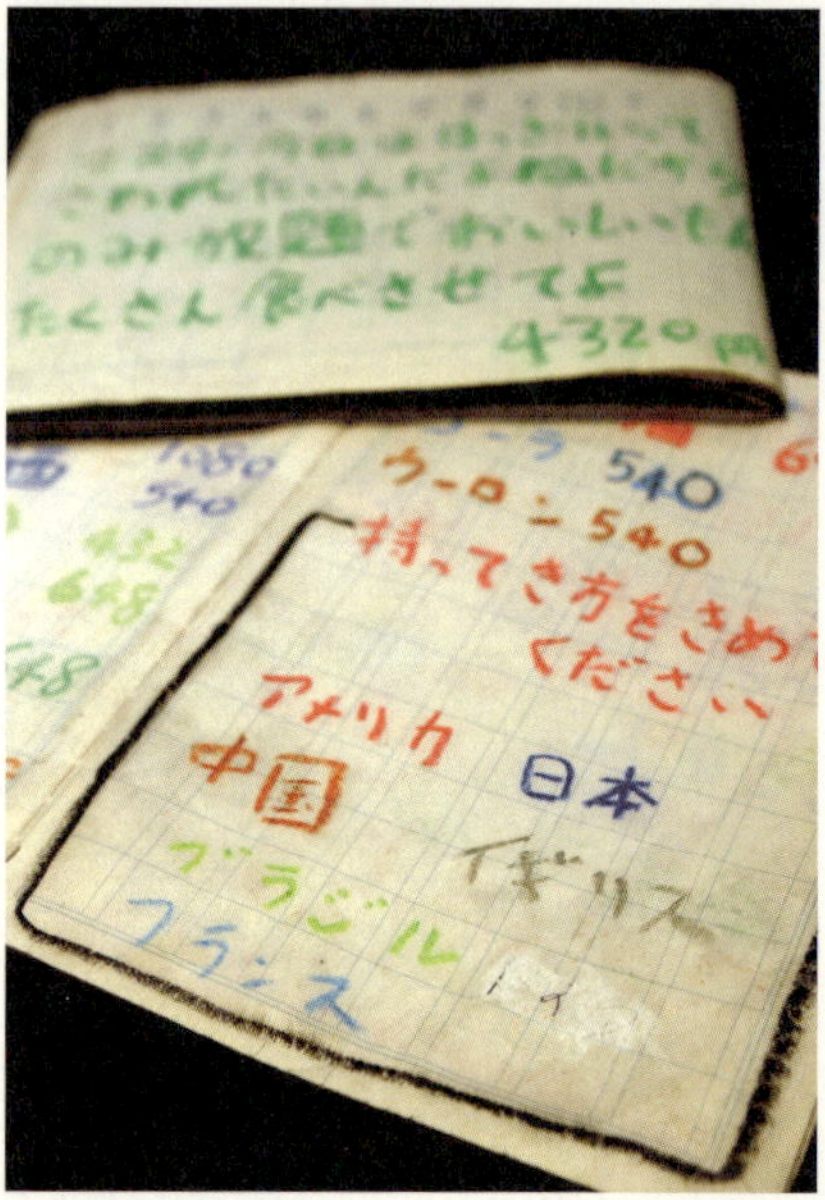

読んで楽しいメニューブックは、クレヨンで手書き。

い。ドアを隔てた外からは中のようすも見えないし、音も聞こえない。Aさんと「覚悟はいい？　気を確かにね……」と意思確認をし合ったのち、呼吸を整え入店。テーブル1卓分が空いていてあっさり入れた。これって間《ま》がいいのかな、運の尽きかな？「どうせ今日も入れないんじゃない!?」とあきらめ半分（と、ほっと安心も半分）だったので、整えたはずの呼吸が荒ぶる。

お店はじかに床に座るスタイルだった。壁のメニューもなく、一切の無駄を省いたスッキリ空間となっている。ＢＧＭもとくにない。時間は20時なのに、もうすでにできあがっちゃってる外国人チームは小便小僧の容器でビールのような飲み物を飲んでいるし、何この異様な空気感……。ついていけないよ。

店主が来てくれた。

「はじめてもよろしいですか？」

「ははは、はい」

ぽかーんとしていると、暖簾の奥に隠れていた店主が、某アニメキャラの人形を飛ばしながら現れた。これからおしぼり運びのパフォーマンスがはじまるらしい。店主は高らかに歌を歌いながら、わたしたちにちょっかいを出してくる。これは不意打ちだ。そして、「自分には関係ない」と思っていたらしい別のテーブルの女性客にも濃厚に歌いかける。油断は禁物ね……。それから、店主と人形さんは「ぷしゃー」と言いながらバックヤードに消えていった。

茫然《ぼうぜん》としていると、メニューブックが運ばれた。ジャポニカ学習帳で、開くとカラフルなクレヨンでメニューが書かれていた。ドリンクは、「埼玉県人」50円、「地底人」時価、「宇宙人」1億円などがあるらしい。えーっと……。まだ空気が読めないので、無難に「りんご酒と瓶ビールを」と注文すると、

「持ってき方はどうしますか?」と聞いてくる。えっ、持ってき方が選べるの!? よくわからないけど「中国で」と答えてみた。その後、店主は新しいお客さんにおしぼりを出したり、料理を運んだりしているうちに、わたしたちのビールを忘れていた……。と、思ったら、「あちょー!!」というような掛け声とともに、店主が大ジャンプで現れた。中国拳法なのなんなの!? でもやっとお酒にありつけたのでとりあえずカンパイ。隣の外国人、ビールを持つ手がぶるぶる震えてない? と思ってこそこそ見ていると、そういう仕掛けのジョッキであることが判明。バイブレーション機能つきのビールジョッキってギリギリ感あるなあ(笑)。

さて、わたしたちが料理を注文する段だ。ジャポニカメニューブックによると、料理には「ねーマスターけっこう今日はおなかはいっぱいなんだ。だから、なんていうのかな…軽めの気のきいたつまみ、ちょっとたのむよおいしいやつね」1080円、「あーやっと仕事終わった。おなかペコペコなんだマスター、おいしいもん、たくさんたべさせてよ、お願い」2160円、「マスター今日はいつもよりふんぱつしてさ、なんていうのかな、ごうかなかんじで。『ダーン』みたいなさ」2700円、「マスター

日本式の日本舞踊。華麗な舞に目が奪われる。

アメリカ式のカエル。BGM はアメリカ国歌『星条旗』。

イギリス式のテディベア。必死の形相でお酒を運ぶ。

ブラジル式のタコ。見事なサンバのリズムで登場。

今日ははっきりいってこわれたいんだよね、だからのみ放題でおいしいもんたくさん食べさせてよ」4320円と、4つのコースがあるみたい。Aさんは「マスター今日はない。いつもよりふんぱつしてさ、なんていうのかな、ごうかなかんじで。『ダーン』みたいなさ」と、棒読みを披露。だが注文は通らず、やり直しを命じられ、Aさん涙目。わたし爆笑。

先ほどの外国人チームのところに店主が行った。店主は、いやらしい顔つきでジャポニカ学習帳メニューブックを丸め、いやらしい手つきでそれをしごいている。外国人、失笑。

その後、あちこちのテーブルで、ブラジル式、アメリカ式などの「持ってき方」が披露された。こんなようすではとても料理には期待できないのでは？　と思ったが、料理はどれもいいお味♡　煮物や漬物、すべておいしいのに驚く。それも、派手なパフォーマンスの合間に持ってきてくれるのだ。店主ひとりですごいなあ（あとで聞いた話だが、普段はもう1人のスタッフと2人で仕切っているとか。それでも十分すご

お会計のパフォーマンス（今回だけの特注）。まさか似顔絵を描かれ、その裏にお会計金額があるとは！

いけど）。印象に残ったのは「日本式の持ってき方」。奥ゆかしいジャパニーズスタイルを予想したが、その斜め上を行くド派手なパフォーマンスに口があんぐり。詳細はマル秘とするので、お楽しみに！

「ああ〜、落ち込んだらひとりでも来ちゃいそう」とAさん。気づくと3時間も滞在していた。「お会計をお願いします！」というと、「まだフランス式、見てないでしょ？」。今回は取材のために、特別に〝フランス式会計〟をやってくれるらしい。

ＢＧＭとともにベレー帽の店主がイーゼルを手に現れた。こちらの顔をちらちら見ながら似顔絵を描いてくれている。最後まで渾身《こんしん》のパフォーマンスだな、と感心していると、渡された似顔絵用紙の裏にお会計の金額が書いてあった。別テーブルのグループも続々とフランス式お会計タイムだ。2人で7000円弱。安い。楽しい。あっ、そうそう、わたしたちの後ろにスーツのサラリーマンチームがいて、狂気のパフォーマンスに参加することもなく、普通の居酒屋遣いをして全員酔っぱらっていた。

フリーダム！　カオス！　加賀屋最高！

加賀屋

完全エンタメ系なのでおもしろがってくれる人と行くのが◎。料理は、軽めの1080円から、がっつりの4320円まで4コース。空腹具合と予算に応じてどうぞ。お酒もおもしろ系からスタンダードまで取りそろえて良心的価格だ。

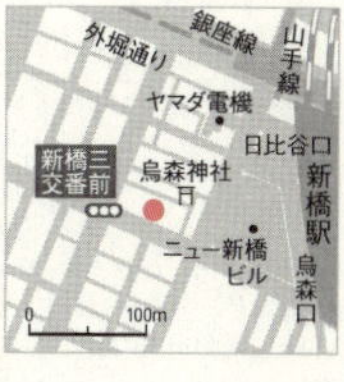

東京都港区新橋 2-15-12 花定ビル B1
☎ 03・3591・2347

最強のカオス!!　中級ユーラシア料理 元祖 日の丸軒 (in) 新代田

料理にジャンルはナンセンス。ついでに国境も超越

『散歩の達人』は一般のガイド本よりもキワドイお店に切り込む雑誌なので、編集長が「中級ユーラシア、行っといでよ」と言うのを「いい情報もらった! やった!」と信頼してしまった。それから、「散達で何度も取材して、お店と懇意にしているんだろう」と思い込み、気軽な気持ちで出かけたらとんでもない目にあった。

編集長が「中級ユーラシア」と言ったのは、新代田にある怪しいレストランのこと。正式には『中級ユーラシア料理 元祖 日の丸軒』という。まず、「中級」とはなんだ?と考える。そしてそもそも「ユーラシア料理」って何?と頭を抱える。それに、「日の丸軒」と続くからもう完全に意味がわからない。訪問前から、店名のことだけで疑問符だらけとなり、聞きたいことが泉のように湧きいでる。

現地に行くと、お店はいい感じに寂れた建物の2階だった。わかりにくい入

◉散歩の達人
交通新聞社発行の月刊雑誌。「散達（さんたつ）」と略すこともある。ちなみに本書は、この散歩の達人レーベルから発行される書籍である。

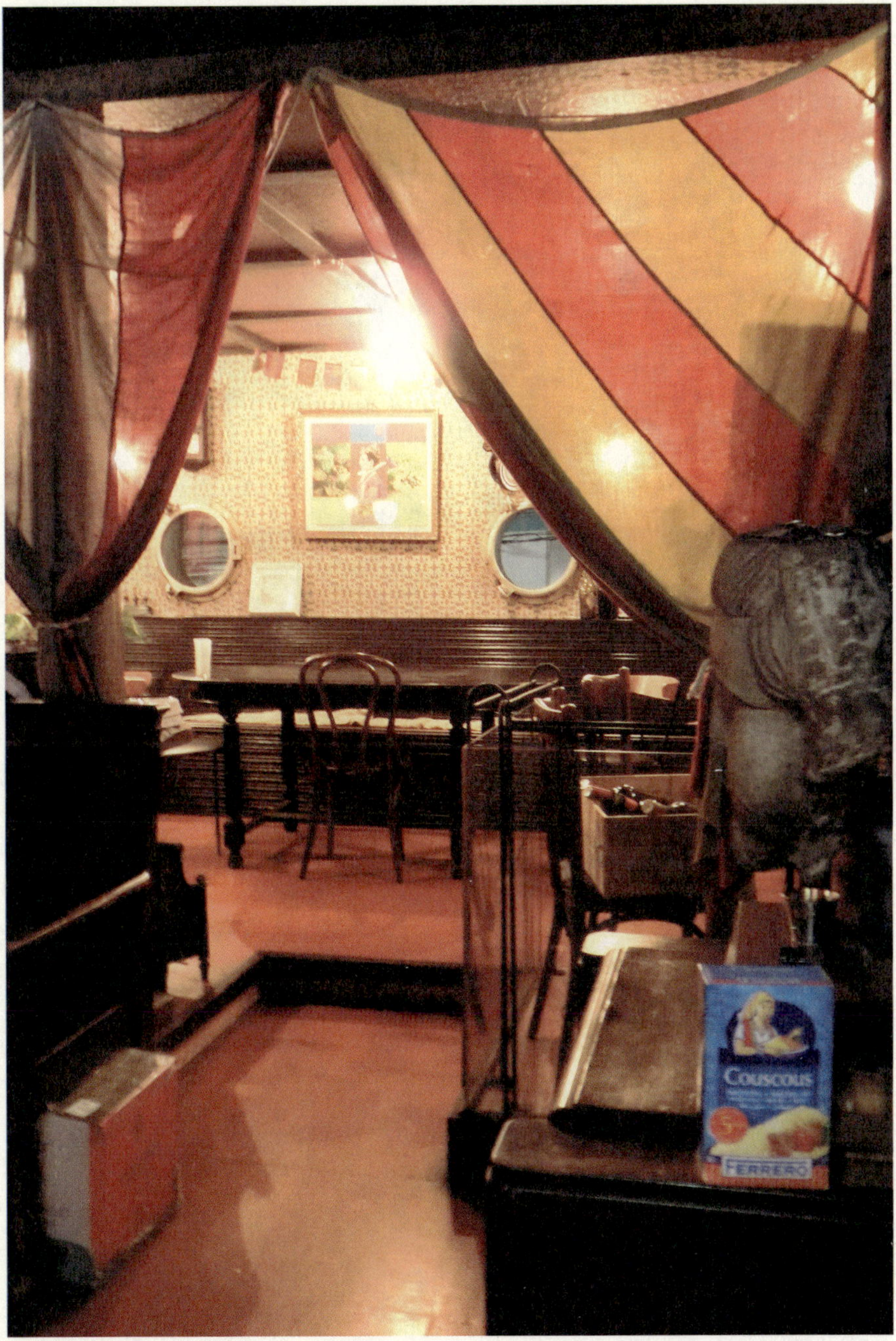

内装やインテリアはかなり独特。また、丸い窓がおもしろく、いいアクセントになっている。

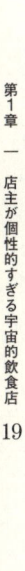

ラムシシカバブは、つけあわせまでもちろん美味。

ターメイヤは1個300円。こう見えて中は鮮やかな緑色。

ワインは各国のものをリストアップする。

ナスのグリーンソースは、白ワインにぴったり。

り口から急な階段を上ると、暗〜い店内。闇の奥でそこだけ明るい厨房から、さらさら長髪のおじさまが現れた。お顔は濃い系で、なかなかのイケメン。なのに、何やら浮世離れした空気をまとっている。お客さんが来たときだけ下界に降りてくる仙人のような存在なのではないかしら。暗さに目が慣れると、潜水艦や宇宙船？のような丸い窓や横尾忠則《よこおただのり》的な絵画が見えてきた。どこかの国の民族衣装やキリスト教っぽい絵画も飾られており、統一感がないのに一本筋の通った、ただならぬ芸術的センスを感じさせる。これはユーラシアというより……ユーラシアというより……、店主の頭の中の具現化か!?

「こっ、これがユーラシア風のインテリアなんですね。ユーラシア料理ってなんでしょう？」と問う。

「うちがね、ユーラシア料理の元祖なの」と、店主。ここから長い話がはじまり、何度かユーラシア料理の定義についてたずねたが、明確な回答が得られなかった。そのうちに話は「スカイツリーからタクシーを飛ばして食べにくるお客の話」や「テレビ局の偉い人たちがここで豪遊した話」などになった。うーん、よくわからないけど、次は中級中級。中級について聞こう。

「あのう、店名の『中級』ってなんでしょう？」

「そもそも高級と低級がなければ、中級が一番でしょう。クジラやマグロ、ウナギなどを使う料理がいっぱいあるでしょ。そして、うちのラム肉はいいのを使っているの」

●横尾忠則
美術家。1936年兵庫県生まれ。サイケデリックな作風で知られ、日本のみならず、国際的にも高い評価を得ている。神戸に「横尾忠則現代美術館」、香川県豊島に「豊島横尾館」がある。

（大意）という答えが返ってきた。えっ、だから中級!? 質問に対する答えがまたもや得られなかったが、

「お料理はどこで覚えたんですか？　どこかで修業などを？」と、飲食店取材でのお決まりの質問を投げてみる。こちらとしては、「若いころに世界中を旅して覚えた料理がベースなの！」のような答えを期待したのだが……、

「修業っていったって、もうどこぞの小僧じゃないんだよ」と、怒られた。これは何かわたしがお店のルールを知らずにＮＧワードを言ってしまったのか？と思ったけど、そうでもないのかもしれない。なぜなら、「話が噛み合わない」とかいう店主にまつわる前評判を仕入れていたから。「お客をほったらかして寝てしまう」などというウワサもある。だがしかし、ここまで不思議議系だとは！

そして、「散歩の達人は10年ぐらい前に取材が来たかな。すごく有名な女性のライターが来たよ。でもね、編集長は知らないよ。ところであなた、取材っていったって、感じたことを適当に書けばいいんだよ。今回の本のタイトルはなんだっけ、『入りにくい店』？　だったら、『入りたくない店』、『日本一入りたくない店』とでも書けばいいじゃない」と店主。「でもね、僕は雑誌もテレビも新聞も見ないから」と。あ、そうですかすみません。……でもせっかくなので、ちょっとだけ食事などさせてもらっていいですか。

「まず、おすすめのお酒はなんですか?」と聞くと、「ワインだと思います。ワインは水の食事」。思いますって!? そして、水の食事って!?

「誕生日のお祝いとか結婚式の二次会、ヨーロッパに行くからその壮行会を開くとか、そういうので来なさいね」と。最後には、「今度は、2万円のワインを開けてくれるような男の人と来てね」と言う。はあ。

店主は饒舌《じょうぜつ》にしゃべるしゃべる。1時間ぐらいうなずいているが、核心に迫れない。「中級とは?」「ユーラシア料理とは?」。本当の答えを聞けないうえに、ずっと話を聞いているだけでお酒や料理にたどりつけないかもしれない。それでもなんとか、グラスワインとターメイヤ(アラブ風野菜のコロッケ)、タンドリーチキン(鶏ももが丸ごと)などをひと通り頼んで食べて帰りました。味つけ、火入れ、盛りつけともに抜群なのが驚いたな〜。話が噛み合わなくてエライ目にあったけど、店主のメッセージはしかと受け止めた。「つくり手と食べ手は料理で会話すればいい」ってことでしょ!

中級ユーラシア料理 元祖 日の丸軒

料理はアラカルトがメインだが、予算を伝えればコース対応してくれることも(要予約・要相談)。ボリュームたっぷりめなので数人でシェアできそう。ワインはグラスは数百円〜。ボトルは3000円台〜高級ワインまでひと通り。

東京都世田谷区羽根木1-4-18 2F
☎ 03・3325・6190

〝下町テーマパーク〟DonDon館 in 三河島

「知的美男&美女のみ入店OK？」ってハードル高いなぁ……

泣く子も黙る〝食〟のエリート出版社・旭屋出版。看板雑誌である『カフェ&レストラン』にライターとして記事を書かせてもらっている。わたしの担当編集N女史は、「蕎麦《そば》をかえしからつくる」とまでウワサされる料理上手のイイ女。カフェ&レストランは飲食店経営者のための実用誌で、マジメでおかたい路線。「入りにくい店」を取材する機会は皆無どころか、「入りにくい店なんてけしからん！　飲食店たるもの、親しみやすい店構えとわかりやすいコンセプトを心がけるべし」とお説教モノだろう（……いやそこまでじゃないかも。言いすぎました）。ただ、N女史本人は洒落《しゃれ》もわかるタイプなので、「入りにくいのにいい店や、ずっと気になっているのに入ったことのない店、ありませんか？」と聞いてみた。すると、

「日暮里だか三河島だかに、『DonDon館』というお好み焼き屋さんがあるらしいんです。なんでも、店の中にいろいろな仕掛けがあるらしくって！」とのこと。さ

◉カフェ&レストラン
旭屋出版発行の月刊雑誌。創刊は1981年にさかのぼり、当時は『喫茶&スナック』という名称であった。飲食店開業、経営、レシピ開発のアイデアなどを収録する充実内容。

おもしろいトークで和ませてくれるが、よくよく見るとご本人たちこそ美男美女だと思う。

すがの情報ツウである。

さてこの情報を本書の担当編集Hにタレコミしたところ、「お好み焼き！　わたし行きたいです。なぜならわたしは関西人。離乳食はお好み焼きですもの」と、ただならぬ執着を見せた。こちらとしても、仲良しのN女史を誘って気楽に取材に行っちゃえ☆　という目論見《もくろみ》を改め、担当編集者を連れ真摯な気持ちでお好み焼き取材に取り組むことにした。

某月某日、取材の待ち合わせは三河島駅。めったに降りる機会がない駅なので、改札を出たあたりからワクワクしてくる。Hと合流し、スマホのグーグルマップを頼りに尾竹橋通りを南へ歩く

◉三河島駅
JR常磐線の駅。周辺はコリアンタウンとしても知られ、グルメ的にいうとホルモン＆焼き肉の店が多い。なかでも圧倒的な人気なのは『山田屋』（取材拒否）。

と、駅前開発ビル「アトラスブランズタワー三河島」が視界に入った。テナントはオリジン弁当、セブンイレブンなどで、ちょっと休んだりできそうなカフェはない。

通りから少し入ると、植木が道にせり出す下町らしい景色が広がっている。どこも手入れが行き届いていていい感じ。路地をうねうねと行くと、前方右手に目的のモノが見えてきた。外壁には見事な登り竜。それと電飾でキラキラしている。これは入りにくい……けど勇気を出してドアに手をかけると、

「ちょっと勇気が必要な店？　店内にはスリルがいっぱい！　知的美男&美女のみ入店OK？　路地裏の怪しい館&いたずらオヤジBOSSの店」と、看板に書いてある。えーっと……、編集Hとうつむく。

「知的でも美女でもないけど、とりあえず……」と、ドアに手をかけ、入店する。

「……（無言）」。いらっしゃいませのひと言もない。一段高くなった下足場に入って靴を脱ぐ。あのー、知的でも美女でもないわたしたちが来ましたよー。隣ののぞき窓から人がのぞく気配があったが、無視されたもよう。しばらく放置され、しようがないので隣の部屋へ入ってみる。

「あれー？？　美男美女以外入店お断りなんだけどなァ」と店主。ああ、ごめんなさい。すみません。こんなわたしたちですが、お好み焼きが食べたかっただけなんです。反省しています、と謝罪の姿勢を見せながらも、半ば強引に着席。ド派手な外壁とは打って変わって、内装は純和風。素晴らしい欄間《らんま》や和傘をあしらった照明、調度品も見事

内装やインテリアも個性的で、あちこちに仕掛けが……。

普通の民家だが、植木や電飾などでド派手に装飾。

「美女のこっそり夜食」は山芋たっぷり。

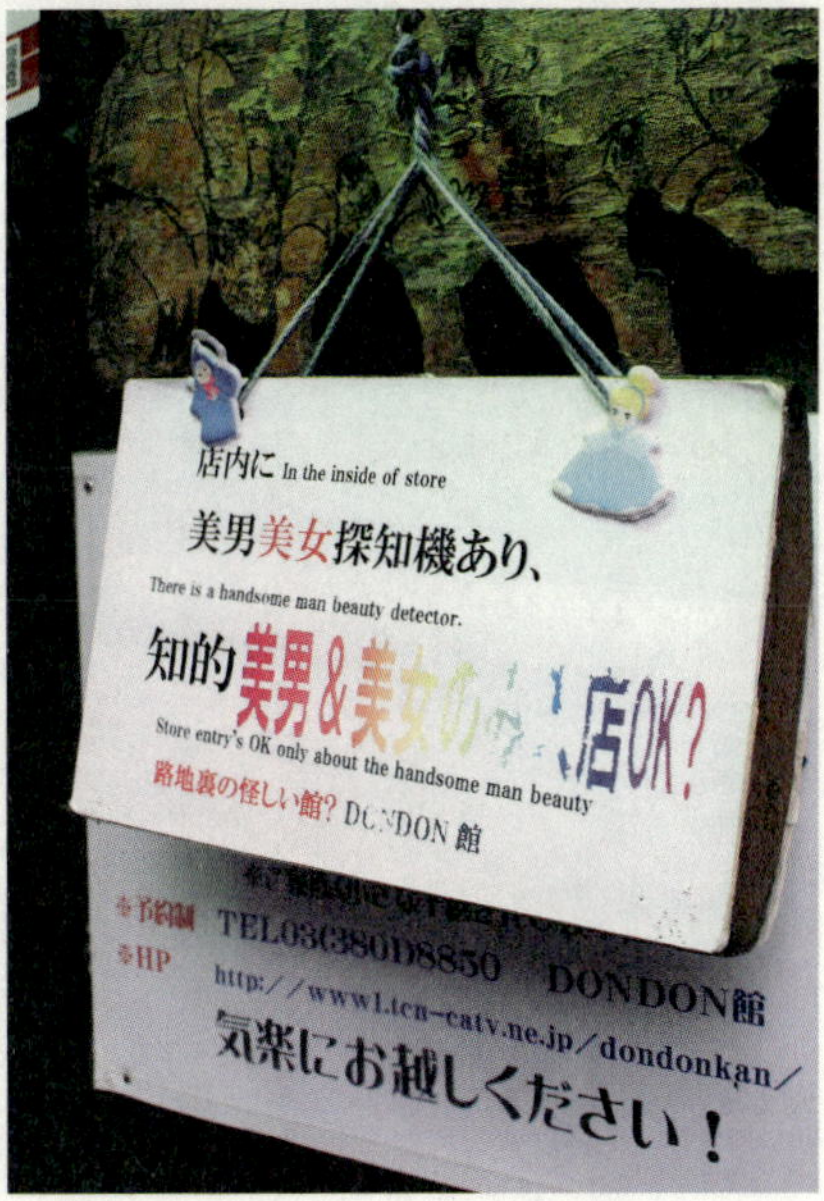

ドアにこのようなメッセージを掲示。入りにくい!

「クレオ＆パトラ」を運ぶ店主。カクテルたった１杯のために照明を消すなど、演出がすごい。

なジャパニーズスタイルだ。ただ、社寺の天井画のような絵が描かれているのは和風の枠を超えているけれども！　キョロキョロしていると、「おひとつどうぞ」と浅草海苔のつまみをすすめられた。中身は衝撃の……（みなさまのお楽しみのためにマル秘としておきます）。その完成度には思わず絶叫。それから、「はい、メニュー」と渡されたので、知的でも美女でもないわたしたちだけどやっと承認されたようだ。よかった……と思っていると、「美女のこっそり夜食」や「キムタク」などといった料理名に目が奪われる。そもそも、メニューブック自体が木板をナスの形に切り抜いたモノで、これにも感激。

「美女のこっそり夜食はお好み焼きなの。誰でも未体験の食感でやみつきになるよ！あとは、世界初の黒キムチなんてどう？」と言われるがままに注文してみる。

お酒のページでは、「いたずら天使カクテル」シリーズと「おっちょこちょいの魔女カクテル」シリーズに、目がくぎづけ。それ以外にごく普通のビールなどもひと通りあって、なぜだかとてもホッとするが、奇妙な名前のカクテルたちが気になってしようがない。

「そうだ、『クレオ&パトラ』をつくってあげるよ。1カ月に1回レベルの美女にしかつくらないんだけどね！」と店主。どどど、どうもありがとうございます……（畏れ多くて縮こまる）。すると店主がキッチンに消え、しばらくすると部屋の灯《あか》りも消えた。

クレオ&パトラは、カラフルなライトで下から照らすカクテルだった。メ

夜の外観はこんな感じ。住宅街でコレだから驚く！

ニューブックによると、「永遠の若さの素と美人エキス」が入っているらしい。口に含むとアルコール度数は強め。いつもより早めに、謎の酔いがおとずれた。

「はい、これがね、美女のこっそり夜食」と、お好み焼きの材料が運ばれてきた。大量のすりおろし山芋も添えられている。

「わかった！　それが未体験の食感のヒミツなんですね？」と言うと、

「いや、違うの。これは見せるだけ!!」と言って、店主は山芋を下げてしまった。これには大爆笑。山芋が去ったあとの卵、小麦粉、肉、野菜といった基本材料が丁寧に混ぜ合わされ、熱した鉄板で美しく焼かれ、ソースがON。ソースの焦げるいいにおいに、こりゃたまらん!!　とヘラを入れようとすると、店主がまたキッチンに消えた。先ほどの山芋とともに再登場すると、ジュージューいっているお好み焼きにとろーりと回しかける。すると、真っ白の雪山状態に。

「いただきます！」と、やっとお好み焼きにありつき、そこで気づいた。山芋は、す

◉外カリ中フワ
「外はカリカリ、中はフワフワ」の略。お好み焼きやパンなどをほめたたえるときに、グルメ情報誌などでよく使う。よく使いすぎるため、このような略語ができたほどだ。

りおろしだけでなくザク切りも入っていることに。お好み焼きは「外カリ中フワ」がベストとされているが、このお好み焼きはそれに加え、山芋の「ザク」食感が加わっている。まさに、食感の三重奏で、これは確かにやみつきになりそうだ。イカ墨の旨味たっぷりの黒キムチも、残さずすべていただきまして、トイレや店内のあちこちに仕込まれた仕掛けの数々にも笑わせてもらいました。そして、最後のサプライズ（2つめのマル秘とします）にも感激しました。あの笑顔は生涯忘れません。

常連のなかには、「ずっと気になっていたんですがなかなか入れなくって」とか、「2年越しでやっと入りました」などと最初は言っていた人も少なくないという。たしかにあの外観だと……。でも、一度入ったらリピーターになってしまう謎の引力が、このお店にはある。外観に惑わされてはいけない。

さて、このDonDon館では「お好み焼き教室」も実施していて、これを修了すると「DonDon館」を名乗ることができる。生地のつくり方から、出汁の取り方までをマンツーマンで丁寧に指導してくれるそうだ。こんな遊び心のある店主のお好み焼き教室、楽しいだろうなあ！

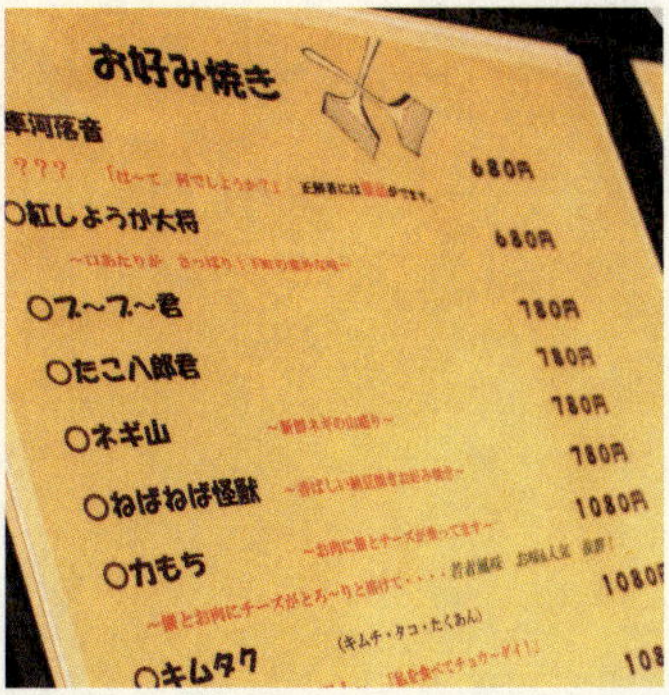

DonDon 館 どんどんかん

料理はアラカルトがメイン。電話予約のときに「1人○円で、全部で○人分」などという相談も可能。ただし、店は毎日営業しているわけではなく、予約があるときだけの不定期営業となっている。予算の目安は2000円～5000円。

東京都荒川区東日暮里 6-33-6
☎ 03・3801・8850

店は、店主の心の鏡

店は、店主の人柄そのもの。

強烈な個性に、揺さぶりをかけられる。

それに共感し、集い笑うわたしたちも

一緒に空間をつくっていく仲間かな。

第2章

内輪感はいい店の証し。住宅地の名店開拓

酒も料理も爆盛り&満腹　やおらぁ〜な ⓘⓝ 木場

入りにくい……が、その中はいい人だけの楽園

人間関係において「最初はとっつきにくい印象だったのに、なんだ案外いい人じゃん」と仲良くなることがあるように、入りにくそうだと敬遠していたお店の常連に、いつの間にか、なっていることがある。最近、そんな感じで『やおらぁ〜な』の常連になった。でも、初心に帰ってお店の中・外を見てみると、入りにくい感アリ。本書にぴったりなので、ここでみなさまにご紹介します！

さて、入りにくさを感じさせる2大ポイントは、〝ロケーションのマニアックさ〟と〝常連だけで盛り上がっていそうな内輪感〟。まず、お店の最寄駅は東京メトロ東西線の木場。お隣の門前仲町は昼の店も夜の店もよりどりみどりで、『魚三《うおさん》酒場』や『だるま』などの都内でもトップクラスの有名店がいくつもあるのに対して、木場にはなんにもない。わざわざ降りる機会があんまりない。さらに、お店が住宅地に立地し、〝地元客だけで盛り上がってる内輪感〟が漂っている。それに、やおらぁ〜なという店名が意

◉魚三酒場
門前仲町を代表する居酒屋。駅からすぐという立地のよさに加え、安くておいしいメニューが豊富で、いつも店の外まで行列ができる繁盛店である。

「刺し身の盛り合わせ」390円。この厚切り、盛りのよさに感涙！

◉だるま
こちらも安くておいしい門前仲町名物の居酒屋。美人三姉妹が切り盛りしている。

味不明すぎて怖い。

でも種明かしをしてしまうと、これは単なる居酒屋である。だが、素敵なのは超リーズナブルな価格設定。料理は290円、390円均一。焼きうどん、とんこつ焼きラーメン、納豆チャーハンのようなメニューもあり定食屋遣いもできそう。そして、ほかではお目にかかれないレベルの爆盛りボリュームは感涙モノ。なんでも〝特別な仕入れルート〟があるらしく、い。マグロ関連の料理が素晴らしい。刺し身の盛り合わせやまぐろ丼は、マグロの存在感がものすごい。名物のから揚げ

お通し代は300円で、このような日替わりのおつまみが付く。ホッピーは焼酎多めで酔いが回る！

36

「パプくんサワー」（中央と右）のほか「チュンチュンサワー」「スカイくんサワー」などインコにちなむドリンクが充実。

やしょうが焼きは、「ひとりで食べるの!? 量が多いからハーフでいいんじゃない？」と、お店側からの愛ある注意報。

このボリューム感覚は、お店のママさんであるケイコさんの〝寮母さん気質〟によるものだろうと思っている。その気質は、腕のいい料理人であるマスター（共同経営者）もそんな感じ。ふたりとも、気風もよければ、料理の盛りも最高！ お酒も同様で、ここのホッピーは「殺人ホッピー」と呼ばれ、恐れられている。頼むと、焼酎の比率が多すぎて、ホッピーがほとんど入らない。1杯でも十分に酔っぱらい、ホッピーがたっぷり余ってしまう。ホッピー1瓶で普通は3杯ぐらいいけるものだが、ここのは6杯はいけそう……。お店の売り上げ、大丈夫!?

それと、おもしろいのが看板オカメインコのパプくん。オカメインコはインコやオウムのなかでも穏やかな性格の子が多いといわれるが、パプくんのおっとり度は群を抜いている。オカメインコは飛べるのにもかかわらずよちよち歩くのが特徴で、パプくんもときどき店内をてくてく歩いてお客さんに愛嬌《あいきょう》をふりまいている。まん丸ほっぺのかわいいインコがやってきてちょこんと手に乗ったら、スーツでビシっと決めたビジネスマンだって顔がにやけちゃう。また、パプくんのきょうだい分のセキセイインコや、常連さんの飼い犬がふらりと立ち寄ることもあり、これも楽しみのひとつ。下町の肝っ玉母さん＆父さんのお店は、人も生き物も受け止めるんだなあ。

何度か行って〝常連だけで盛り上がっていそうな内輪感〟は、さほど気にすること

◉ホッピー
ホッピービバレッジ株式会社による〝ビール味の焼酎割り飲料〟。それ自体にアルコールは含まれておらず、甲類焼酎（何度も蒸留するためクセが少ない）をこれで割って飲むのが定番。店では、瓶入りホッピー（330㎖）が、氷と適量（量は店の裁量による）の焼酎が入ったサワーグラスと一緒に提供され、自分で割って飲むスタイル。

◉オカメインコ
頭に冠羽（かんう）というとんがった飾り羽があるのが特徴。人気の種類は、からだが薄い黄色で、ほおがオレンジのチークパッチ（まるい斑点）があるタイプ（ルチノー）。

◉振（ふ）り客
常連客に対する言葉。いちげんさん。

はなさそうだと思った。お客さんの内訳は大まかに、地元チーム、オカメインコ愛好チーム、はじめて入った振り客チーム。わたしも単なる振り客だったのに、おいしい料理に誘惑され、下町らしい賑《にぎ》わいが気に入ってすっかり常連状態に。お店主催のお花見などにも声がかかるようになってうれしい！

個人経営のお店と仲良くなる秘訣。それは、すべてをゆだねるつもりで、お行儀よく楽しくお酒を飲むこと。顔を忘れられないうちに、もう1回行く。これでOK。考えてみれば、一見入りにくいお店って「おかしな客はつまみ出すぞ」と見張ってくれる人がいる、〝いい人だけの楽園〟なのかもしれない。

やおらぁ〜な

お通しは300円（おつまみ付き）。料理は290円、390円と安く、一皿のボリュームは抜群。どんな酒飲みさんでも1人2000円〜3000円でほろ酔いに。2015年5月に店内がインコカラー（黄色）にリニューアル＆パワーアップ。

東京都江東区東陽 3-9-2
☎ 03・5606・6116

住宅地の隠れ家和食　ひらみつ　in 本郷三丁目

知ったからには、襟を正して一度は行きたい！

「入りにくいといったら『ひらみつ』でしょ」という情報を得た。

「和食の店で、自宅の1階が店舗スペース。幼なじみの実家だから俺は行けるけど、ちらっと小さく看板を出してるだけだから、普通の人には相当入りにくいだろうなあ！」

ネタ元は、わたしの友達のKくんだ。幼なじみのことをやっちゃんというニックネームで呼ぶ。

「おやじさんは厳格な人で、昔は俺もやっちゃんも恐ろしくて気安く話しかけられなかった。でも最近は穏やかになって、料理はおいしくて安いしいい店だよ。特に、魚オタクの俺が驚愕《きょうがく》するレベルの魚の旨さ！」


Kくんとやっちゃん同様、お父さん同士も幼なじみ。

「俺とやっちゃんは同時に大学に落ちて、真砂《まさご》中央図書館（文京区本郷4丁目）に一

緒に通った仲。やっちゃんは勉強一筋、俺は雑誌の『つり人《びと》』ばっかり読んでた。でも、1浪でふたりとも合格したから、やっちゃんに『試験問題はつり人から出たんじゃないの？』ってからかわれたんだよなー」というのも、仲のよさをうかがわせるエピソードだ。

さて、Kくんの推薦を受け、やっちゃん経由でおやじさんに取材の申し込みを

住人ぐらいしか歩いていない住宅地に立地。営業時間中は紫色の暖簾（のれん）がかかり、凛（りん）としたたたずまいになる。こちらも気が引き締まる。

◉つり人
1946年創刊で、わが国で最も歴史ある釣り雑誌（月刊）。特集は、ルアー、フライ、海、川などジャンルレスで読み応えあり。美しい写真も魅力。

切った断面が美しく、ひと切れひと切れの角がきちっと立つ。確かな包丁業を感じさせる美しい刺し身だ。

揚げだし豆腐の上品な味つけにうっとり。

厚焼き玉子は、家庭料理とは一線を画する。

したところ、快諾！という感触ではなかったが、「とりあえず行ってみましょう」ということになった。メンバーは、わたし＋Kくん＋カメラマン。同席してくれるはずだったやっちゃんは、急遽《きゅうきょ》社用で欠席となった。心細い。ちなみに、やっちゃんは家業を継がずに会社員をやっている。

当日。間接照明で照らされた扉に紫の暖簾がかかっている。梅の紋章入り。これは家紋？　ただならぬ品格に気後れしながら、「こんばんは。おじゃまします」と、入店。緊張感が漂う。自己紹介をし、Kくんは無沙汰を詫び、カウンターの隅に着席。「もしよかったら、仕事の合間にでもお話を聞かせてください」と、ドキドキしながら伝え、ビールを1本もらった。あっ、Kくん◯◯だっけ。では、親切なわたしが飲み干してあげましょう。

「お刺し身がめちゃくちゃ旨いから」とKくん。では、盛り合わせを1つお願いします。それと、次の飲み物。Kくんの◯◯対策ということで、わたしとKくんはウーロンハイ、酔っぱらってピントが合わないとマズイからカメラマンにはウーロン茶をお願いします。

おやじさんがぽつぽつと語りだした。

「もともと、住み込みで荒木町《あらきちょう》の料亭で働いていたんです」

話しながら、無駄のない立ち居振る舞いを見せる。和食店のカウンターは料理人の

●荒木町
新宿区。地名は荒木町、舟町である。かつて花街として栄えたところで、小規模のレストランやバー、スナックなどがところ狭しと軒を連ねる。同じ新宿区内でも、歌舞伎町やゴールデン街とは趣向の違う大人仕様の街となっている。

晴れ舞台だ。

「それで、昭和51年にここに店を構えました」。言葉は少ないが、伝わってくることは多い。「昔は、普通の家だったけど、やっちゃんが一生懸命働いて家を建て替えて、そのときに店も改装したんだって」と、Kくんが隣で補足してくれた。現在の建物は、コンクリート打ちっぱなしのモダンな造りだ。

ほろ酔いでぽーっとしていると、お刺し身が到着。鮮やかな包丁仕事をうかがわせる美しい一皿である。マグロは赤身、中トロ、大トロ。それからカンパチ、トリガイ、アカガイ、ホタテなどと、充実の内容だ。薬味は大根おろしと、わさび入り大根おろしの2色。それに穂ジソが上品に添えられる。美しい盛りつけに眼福でございます。それと、わたしとKくん、カメラマンで分けて食べやすいように、すべて3等分されてある。その小さなやさしさにじーんとくる。じーんとしすぎて朦朧《もうろう》とする。いま気づいたのだが、ウーロンハイが濃い。「おやじさん流のサービスだと思うよ」とKくん。

「魚は、荒木町の料亭で働いていたころから付き合っている築地魚市場の仲卸さんから仕入れています。もう40年以上になります」とおやじさん。どれもおいしいが、マグロが飛び抜けて美味。ツマ一本、薬味の穂ジソの一粒まで残さずいただきました。

「それから、揚げだし豆腐や厚焼き玉子も素晴らしいの」というKくんのおすすめを漏れなく注文。それと、海老フライもお願いします。厚焼き玉子の焼き器は銅製だが、時を刻みいい色に変色している。お客さんもちらほらと入りはじめ、こちら

◉穂ジソ
刺し身に添える薬味。シソの花のつぼみ。箸や手でしごいて実を外し、お醤油に浮かべる。

が取材だと気づくと、「あら、有名になってわたしたちが入れなくなると困るわ」と、女性客がほほ笑んだ。ここは文京区本郷、住宅地の隠れ家。「本郷もかねやすまでは江戸のうち」という言葉どおりの、正真正銘の江戸のうち。お客さんもどこか小粋だ。この店は常連さんのものだ。初心者のうちは長居は野暮よと察し、おやじさんにお礼の言葉を告げて退散した。

紹介がなければ、こんな素敵な店には絶対出会えないと思うので、Kくんに感謝。ちなみに、Kくんという人物は、会社勤めなどを経てほぼ未経験から居酒屋店主として人生がんばっている。そして、腕のいいお父さんのもとで育ったやっちゃんがあまり料理に興味がない。おやじさんの食育はKくんのほうに効果が出ているようす。そしてですねおやじさん、息子さんは「俺はカップラーメンしかつくれない。俺のおやじに何かあったら、Kくん、君が……」といったような話をしているとか、いないとかなんですって。

ひらみつ

お通しは300円。料理は数百円〜1000円台。飲み物も数百円台。飲んで食べても1人5000円はいかないので、見かけによらずリーズナブル！
※住宅地の小さなお店のため、節度ある飲食を心掛けてください。

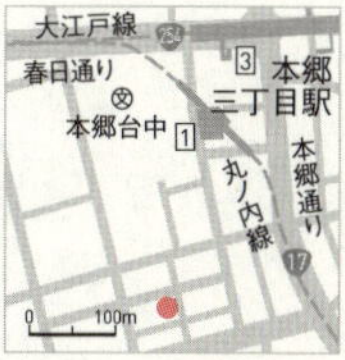

東京都文京区本郷2-20-11
☎ 03・3811・0384

これは倉庫？ 海の家？ 気ままなキッチン in 浅草

媚《こ》びない外観は、愛情料理の証し

ここは台東区西浅草3丁目。浅草駅から10分以上も歩いてここいらまで来ると、仲見世や花やしきなどの賑《にぎ》わいが嘘《うそ》のよう。このままずっと穏やかな家並みが続くんだろうな、と思って歩いていたら超高層タワーマンションがふいに目に飛び込んできた。これが浅草タワーか！ そして、そのふもとにあるのがお目当ての『気ままなキッチン』だ。風がすごい。春の嵐か、ビル風か？

実は過去に、カメラマンとライターのペア（わたしは編集担当で同行せず）でこのお店に取材に行ってもらったことがあるのだが、カメラマンが「気ままなキッチンすごかった。パスカレッソヤバイ。シフォンケーキ激ウマ!! あはははは」と笑い転げながら帰ってきた。

「何がすごいの？ 何がヤバイの？」と、あれこれ話を聞いたはずなのだがもうすっ

◉浅草タワー
1979年竣工の「藤和西浅草コープ」の建て替えを核とした再開発プロジェクト。地上37階、地下2階で、敷地規模、戸数規模ともに台東区内最大とされる。台東区西浅草3-22-3。

かり忘れている。だが、カメラマンの異様なハイテンションだけは覚えている。その後、私用で前を通りかかることがあり、「ここがウワサの気ままなキッチン!!」と興奮したのだが、潜在意識下で気後れを感じて、やはり入れなかった。

だが、今回は自分の著書ということで腹をくくって2度目の気ままなキッチンチャレンジである。だがどうですか、この雰囲気。間違いなく入りにくいでしょ？倉庫のようなそっけなさと同時に全面ガラス張りの開放感のアンビバレント世界。

これが店の外観。飾り気のなさから見落としてしまう人も少なくないだろう。ノボリは、ビル風にあおられていつもよじれている。

生パスタならではの食感と小麦の風味が真骨頂。

観葉植物が存在感を主張。壁には世界地図を飾る。

ふわっとやわらかく、上品な甘さのシフォンケーキ。

スパイスのブレンドが絶妙で、余韻も心地よい。

でも覚悟は決めたのだから、扉を開きましょうね。

「いらっしゃいませ」と、気さくな感じのマダム。こちらが店主の山本京子さんで、お母さまと娘さんの3人でお店を切り盛りしているそうだ。さっそく話をうかがう。

「わたしは、建築学科を卒業してインテリア関係の仕事をしていたので、お店の内装も外装も自分でやりました。建物は、もともとはとても古い倉庫だったんですよ」

そうだったの！　それでこのさっぱりとした店構えなのね！　黄色いノボリで「カレー」、3色イタリアンカラーのノボリで「生パスタ」と、どでかくアピールしてありますが、失礼ながら……逆に……入りにくい……ような気も……しますが……。

「そうなのよ～。最初は建物の周りに塀がぐるりと取り巻いていてもっと入りにくかったみたいよ。子育て中だったのもあって営業時間も短くて。だから、『ずっと気になるけど入りにくいなあ！』って、お店の前を何度も行ったり来たりで結局入れず、というのを何年もやってやっと入れました、なんてお客さんもいらっしゃるんですよ」

と山本さんはあっけらかんと〝入りにくさ〟を認めた。そして、「ノボリはね、せっかく立ててもビル風で倒れちゃうの。あと、ちなみにね、お店の愛称の『パスカレッソ』はパスタの『パス』とカレーの『カレ』をつなげたの。『ッソ』は勢いよ!!」と。でも何かこう、すべてをポジティブに受け止める器の大きさのようなものを感じさせる。

「じゃあ、そろそろお料理でも出しましょうか。まずはパスタいかがかしら？」

◉生パスタ
パスタといえば、乾麺の状態で流通しているものを思い浮かべるが、本場イタリアでは、おふくろの味＝手打ちパスタ（もちろん生）が家庭の主流。もちもちとした食感が特徴で、ゆで時間は短い。レストランなどの飲食店向けに、業務用の生パスタを卸売りする製麺業者もある。

パスタは、サラダとスープ付きのAセット1200円と、サラダ、スープ、ドリンク、シフォンケーキ付きのBセット1500円があるらしい。出してもらったのは、ほうれん草とベーコンのクリームパスタ。生パスタだけあって、さすがのもちもち食感。みずみずしい麺はクリーミーなソースをまとって、ツヤ&うるおいを倍増。なんて美味！と驚愕《きょうがく》していると、カレーがやってきた。

「本格スパイスカレーです。『出没！アド街ック天国』にも出たことがあるんですよ。『喫茶店でこういうのを出されたら困るよ！』って、カレー屋さんに言われたこともあるぐらい。お味はどうかしら？」

はい、おいしいです。そしてなんて軽やかなんだろう。さっぱりした口当たりの奥に、たくさんのスパイスたちが織りなす奥深い世界が広がっている～。すごい～。ちなみにカレーはAセット1300円、Bセット1600円。すごくいい。

「パスタもカレーも、サラダとスープがつくセットが人気ね。サラダはボリュームたっぷりで、これを目当てにランチに通ってくれるお客さんもいるぐらい」

サラダはたっぷりボリュームなのに、上品さを失わない山盛りだ。ふかしたサツマイモやカボチャ、きれいに皮をむいてカットされたリンゴなども盛られ、丁寧な仕事を感じさせる。いいお味です。もぐもぐ。

「あら、いい食べっぷりね。最後に、うちの一番人気のシフォンケーキをどうぞ」

シフォン？ ついに来た、以前にカメラマンを狂乱させたウワサの!! すすめられ

●ベーキングパウダー
ベーキングパウダーとは、クッキーやケーキなどの焼き菓子を膨らませるのに使う膨張剤のこと。異論もあるがこれを有害とする説があり、ベーキングパウダー不使用にこだわる人は少なくない。

るままにいただきます。どれどれ（ふわっ）。ぱくり（やわらかっ!!）。
これは綿雲ですか？　これは、ホントにおいしいですね。

「お店をはじめる前から、わたしのシフォンは仲間うちで評判でした。レシピはとてもシンプルなもので、ベーキングパウダーを使わずに、基本的な材料だけでつくるのがポイントです。あとはお水ですかね。うちではすべて、特別なフィルターを通したものしか使いません。子連れのママさんが多いので、チビちゃんたちには特に安全でおいしいものを食べてほしいという思いがあるんです」

ホントにおいしいものだらけで、ごちそうさまでした。お腹《なか》いっぱいです。内装や雰囲気ばかりにこだわって料理がイマイチなんて、ハリボテのお城みたいなもの。多少そっけない店構えでも、料理がおいしいほうがいいもんね！

気ままなキッチン

お茶だけなら400円～。ジュースからドリップコーヒーまで、ソフトドリンクのメニューはバラエティー豊富。ランチは900円～1600円。ドレッシングまで手づくりのサラダとスープをセットにするのがおすすめ。

東京都台東区西浅草3-23-1
☎03・5828・2828

column1

汐留→新橋 地下のあの店紀行

地下でも新宿や池袋のようなショッピングモールやフードコート的な地下なら、ためらうことなく入れるのに、地下に1軒だけあるようなお店は入りにくい。

『帝里加《デリカ》』というお店をご存じだろうか？ 東京・汐留。超高層ビルが立ち並ぶ一角に、地下2階建ての駐車場があり、このお店は、なんとその地下駐車場の中にある。歩道を歩いていると、突如現れる階段。階段はいくつかあり、階段があるたびに立て看板を置いて、「帝里加！」「帝里加！」「帝里加！」と、地上をゆく人にアピールしている。ときに看板の隣に料

汐留駐車場地下

帝里加

東京都中央区銀座8-16
首都高速汐留駐車場B1
☎03・3542・1270

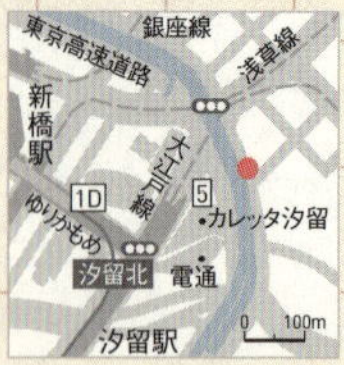

理にラップをかけたものを大胆にサンプルとして置いてあることもあるから驚く!!

階段を下りると、「中国料理 帝里加」という矢印プレートがある。指す先は地下駐車場で、歩行者なんていない。矢印の方向に歩いていく。結構な距離を歩いてもお店らしきものはない。迷った？ と思うタイミングで壁の矢印が現れるので、これで合っているみたいだ。またしばらく歩くと、前方に赤提灯がともっている。これかあ！

ここにたどり着いた人だけがありつけるご褒美は、もちろんおいしい中華。ラーメン350円、日替わり定食は500円台って安すぎやしませんか？ 客層は郵便局や宅配便など、プロのドライバーさんが目立つ。18時なので、早めの晩ごはんというところか。ちょっと一杯飲みたい時間だけど、運転する人が多いからか、お酒を置いていないようだ（ちなみにノンアルコール類は持ち込み自由）。あれ、この感じ……懐かしい。学食っぽい。料理が出てくるのも速いしね。

ラーメン専門店ではお目にかかれない、シンプル&美味のラーメン。

ガツンと来る、しっかり味中華で満足しきりの酢豚。

見上げるばかりの超高層ビルと、地下へと続く階段が対照的。

ところでこのあたりだと、新橋駅直結の「新橋駅前ビル」地下も見逃せない。せっかくなので、一番入りにくそうな店で一杯飲んで帰ろうっと。なになに、こちら『洋風居酒屋ぺちか』は、この地下街で一番古いんですって？ わたしの〝いい店目利き〟は地下でも通用するようになったね。

でも、いつも気になっている地下鉄銀座線浅草駅からはじまる地下街は、何度行ってもソースが焦げるにおいにやられて焼きそばの『福ちゃん』止まりなんだ。占いの店とか飲み屋とか、次は絶対!!

松屋浅草の前からも地下商店街への階段あり。

浅草地下街

東京メトロ浅草駅直結

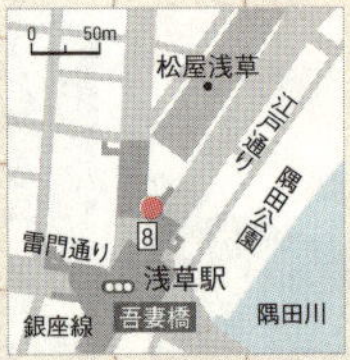

文中で紹介した『ぺちか』は☎ 03・3571・1826。

新橋駅前ビル

JR ほか新橋駅直結

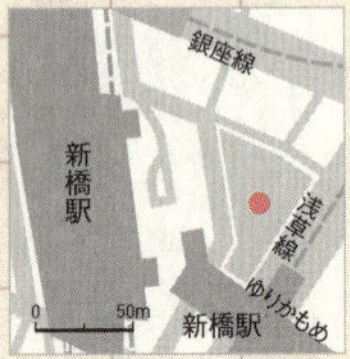

第3章

扉の向こうに物語あり！
大人が遊ぶ〝夜の店〟

モルトバーの先駆　ダルトン ⓘⓝ 銀座

いつまでもどこまでも続く美空間できらめくグラスのように心を磨く！

銀座怖い。超高級クラブや、イケナイ感じのお店ばかりじゃないの？　雑居ビル怖い。全フロアにそういうお店ばかりなんでしょ？　だから、銀座の雑居ビルなんて最高に怖い。

……なんて思っていてはもったいないから今夜、銀座の雑居ビルへ向かう。お目当ては『ダルトン』。なんでも、輸入スコッチウイスキーを日本ではじめて紹介したお店らしい。ウイスキーにはそれほど詳しくないから心配だけど、行ってみるって決めたんだ。

お店はソワレド銀座という雑居ビルの4階にある。ビルは地上9階、地下1階から成り、看板を見ると、バーやスナック、クラブなどの〝夜の店〟がみっちりと詰まっているようだ。1階のエレベーターホールには、年代モノのシャンデリアが見事にしだれていて、その〝昭和デラックス〟にテンションUP。その勢いで、えいっとエレベー

ターに乗ると、「抱きつきスリに注意」という警告が貼り出されていて、銀座怖い病を発症してまた怖《お》じ気づく。まだ心の準備ができていないので、思わず最上階の9階ボタンを押して、4階を後回し。だが、9階は会員制クラブのようす。これはお呼びでない感じと察して、エレベーターの「下」を押す。エレベーター以外に、見事ならせん階段がありこれも興味をそそる。飲んだあとにこの階段を上ったり下りたりしたら、目が回ってトドメをさされそう。

ダルトンの重厚な木のドアは、控えめな看板とともにわたしを待ち構えていた。足を踏み入れると、〝銀座が似合いすぎる〟熟年のカップルがいて、「ああ、わたしなんかでごめんなさい」とどぎまぎしたけど、「どうぞお隣へ」と、大人の気配で招かれた（気がした）ので、「どうも失礼します……」と、泣きそうになりながら入店。いい感じに変色した漆喰《しっくい》の壁、キラキラクリスタルの灰皿など、古くて素敵なものだらけで目が泳いでしまう。そんな美空間にドキドキうっとりしていると、

「内装は、全部私がひとりで設計したんですよ」

と、オーナーの石澤實《こくざわみのる》さんが教えてくれた。案内されて椅子に座ると、カウンターの高さがちょう

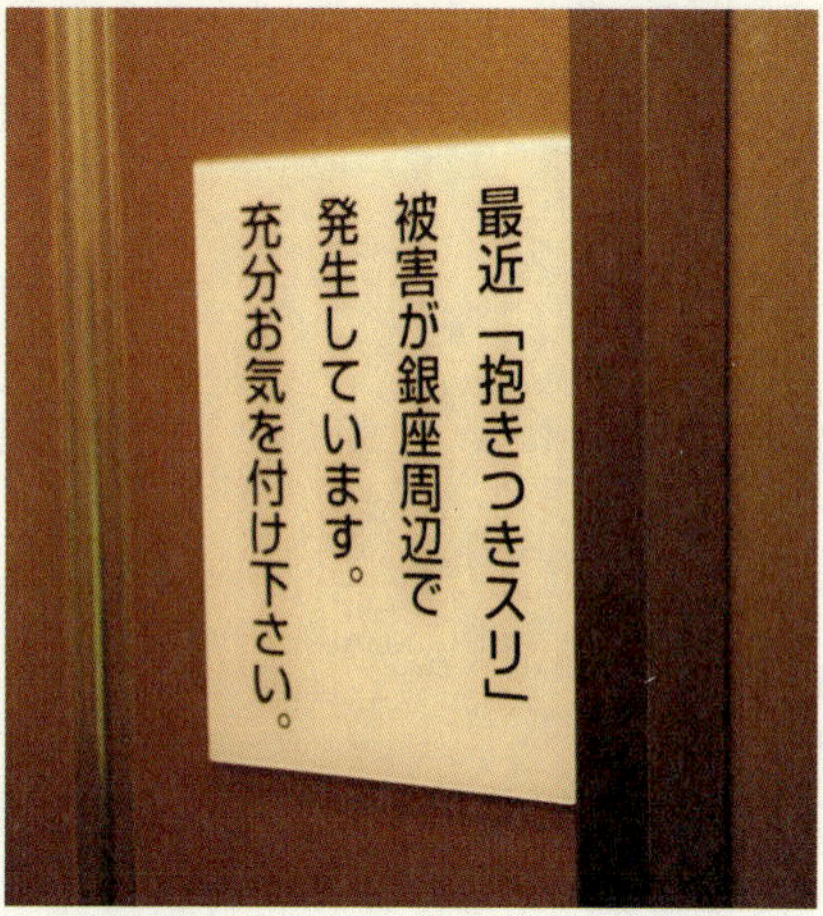
最近「抱きつきスリ」
被害が銀座周辺で
発生しています。
充分お気を付け下さい。

男性の下心を利用したスリだろうか？　怖い警告文。

どよく、実に快適。「ひじをついたときに、最も快適でくつろげる高さにしたんです」とのことだ。

「ほかのお店を研究したりして、ずいぶん試行錯誤なさったのでしょうか?」と聞くと、「もうね、さんざん。いろんなお店を知ってるからさ! ここはカウンターの奥行きが深いから、全然疲れないでしょう?」と、ちょっと誇らしそう。

「お店をはじめる場所は銀座がよかったのですか?」と聞くと、「やっぱり銀座でしょ!」と、石澤さんの昔語りがはじまった。

最初は、学生アルバイトとしてバーテンダーの世界を知った。『ファンタジア』などといった伝説のキャバレーがあった時代のこと。卒業後は自動車会社に就職したが、先輩が船上料理人をしていたツテをたどり、バーテンダーの世界へ戻り、7~8年の修業ののちに自分のお店を持った。30歳のときで、当時としては早い独立開業であったという。自己資金は80万円しかなかったが、ひいきにしてくれるお客がいて融資をしてくれた。

時は1964年、東京オリンピックの熱気に包まれていたころ。当時のウイスキーといえばサントリーのローヤル。銀座だと、電通通りに『サラリーマン』というお店があって、部課長クラスでもサントリーの角瓶。そんな時代に石澤さんは、自分のお店のメインウイスキーをスコッチと決め、モルトウイスキーだけで10種類ぐらいを取りそろえた。洋酒なんてまだ珍しく、海外旅行のお土産といえば洋酒が憧れだった。

◉キャバレー
ホステスが席について接客する飲食店。舞台やダンスホールがあったり、バンド生演奏やショーが見られたりする業態だと、バーやクラブでなくキャバレーと呼ぶようだ。

◉スコッチ(ウイスキー)
スコットランドで製造されるウイスキーのこと。煙でいぶしたようなスモーク臭が特徴だが、昭和の時代は「薬臭い」と、広く好まれるものではなかった。

グラス、テーブル、照明など、すべてのものがピカピカに磨き上げられている。

お酒に合うオードブル（軽い食事）も注文できる。

「いまは丸瓶だけど当時は角瓶だったグレングラントの10年。それに、グレンファークラスやグレンリベットなど、味のいいスコッチをひと通り。当時はあまりなかったんだよ。高卒の給料が7000〜8000円、大卒で1万2000円の時代に、スタンダードスコッチが酒屋で買ったとしたら1本4700円、お店で飲んだらもっと高い」と笑う。

ここまで聞くと、「ああここは、誰でも入れるような気軽なお店を目指していないんだなあ」とわかる。これは、しかるべき人に「あそこはああいう店なのでちゃんとしなきゃだめよ」って言われて連れてこられるようなお店なのだ。

「でも、もうなんだかんだいってアイツの時代」と、息子の力也さんを指さす。まだ引退したわけではないが、バトンは確かに次の世代へ渡されようとしている。

「カウンターの中に入ると、すべてのお客さんの声が聞こえる。ここは理想的なバーなの。ドアを開けて入ると、カウンターが左側にあるでしょ。人間の心臓は左。これが自然の流れなの」

石澤さんのトークに熱がこもる。

「こちらからお客さんがよく見えるように、お客さんからもバーテンダーはよく見える。足元も。そのときに靴がピカッと光っていたらかっこいいじゃない。昔は、ちゃんと教えてくれたんです。新入りは先輩の靴、自分の靴を磨くということを。それから、包丁もピカピカに磨く。それに、昔は氷で冷やすタイプの白木の冷蔵庫だったから、これも毎日磨く。流しは銅板なので、レモンなどの酸で色が変わりやすいから常に磨く。湯沸かし器なんてないので、大きな寸胴《ずんどう》鍋でお湯を沸かしてグラスもピカピカに磨く。カウンターの中の床はすのこ敷きだったので、これも磨いて表に出して干して使う」と、バーテンダーの美しき仕事哲学を語ってくれた。


ダルトンは、お酒の優等生教育をしてくれるお店。バーテンダーの洒脱《しゃだつ》なトーク、琥珀《こはく》色のお酒に囲まれているうちに、背筋がピンとしてきた気がする。ここはわたしたちの心も磨かれる場所なんだな。はじめはおっかなびっくり入ったけど、入ってよかった。行きつけにしたいね！

ダルトン

料金体系をひと通り説明すると、チャージ1000円、おつまみ（オードブルなど）1000円、氷＋ミネラルウォーター1000円、スコッチウイスキーはほぼ1000円。予算は、1人5000円ぐらい～が目安。

東京都中央区銀座6-6-9 ソワレド銀座ビル4F
☎03・3571・4332

日本トップクラスのカクテルバー　モーリ・バー　ⓘⓝ 銀座

カクテル知らない。毛利さんの名前は知っている！

ダルトンに続いて、こちらも銀座6丁目。この一帯は日本最大級のバー激戦区だろう。それも、白いバーコートを着たバーテンダーがいて、とっても入りにくいタイプのバー。そういうお店って、しかるべき人が連れて行ってくれるとか以外だと、入りづらいよね。でも、せっかく銀座に来たのだから、〝マティーニ名人〟として知られる毛利隆雄さんのお店……行ってみようかな。

ドキドキしながらお店を探していると、交差点の角に不思議なお店を発見した。裸婦像や天使像、ランの鉢植え（造花）などが、ぎっしりと並べられていて、どこぞの宮殿風というか、日本離れした趣味だなあ。「シンプルな飲食店でも、こういう調度品を置くと銀座のクラブ風の内装になりそうだもんなあ。さすが銀座！」などと勝手に決めつけながら、銀座のハードルを自分で上げてみる。

スマホの地図アプリは、細長い雑居ビルがひしめく土地ではちょっと頼りにならな

◉バーコート
バーテンダーの正装。白衣のようなもの、ジャケット型のものなどがあり、襟のスタイルもいくつかあるらしい。いずれも、比較的年配のバーテンダーが着ていることが多い。また、新しいお店やカジュアルなお店ではあまり見かけない。

画廊のようだが、某グループオーナーの個人コレクションである。シャンデリアが豪華。

いことも。このビル？　あのビル？　わかんない！と、迷いながらも新堀ギタービルへ到着。踊り場に、とっても控えめな感じで小さな看板があり、「10F　毛利」とあるのを見つけた。袖看板はない。なんてわかりにくい！

そして、ここも細長いビルなので、エレベーターに乗って降りたら、「毛利」と毛筆で書かれた小さな看板に灯《あか》りがともっており、そのわきに意外とシンプルな木のドア。中央は細長いガラス窓がはめられ、その上に「MORI」という表札があり、まるで個人のお宅のよう。でも、ガラス窓からは、中のようすがわ

◉袖看板
建物の側面に設置する店名看板のこと。目が届きにくい上層階にある店は、存在をアピールするのに有効。バーやスナックなどの夜の店だと、中からライトで照らして目立たせる場合もある。

ずかに見えるため、こちらの気配はきっと中から丸わかり。「なんて言って入ろうか?」と、考えをめぐらせるヒマもなくドアに手をかけ、心臓ドッキン☆

おそるおそる中へ入ると、カウンターのド正面が見えた。白いジャケットの方が尋常でない存在感を放っており……この方が毛利さん……なのか!? そして、出迎えはいかにもうやうやしい黒服かと思ったが、カウンターからバーテンダーがてくてくと出てきてくれて、意外とフレンドリー。「端っこのほうがいいです」と伝えると、カウンターは端が折れてL字形になっていて、その折れた先の奥まった部分に案内された。そこには2脚だけ椅子があり、理想的な〝隅っこ感〟。それなのに、カウンターの中のバーテンダーとも絶妙な距離感で、この席いいかもしれない〜。

カウンターの上には、グルメ情報誌や飲食業界誌がズラリと並ぶ。控えめな照明だが、手元に落ちる灯りは読書をするには必要十分で、「ちょっとした書斎みたいだな」と思えてきた。すると、「いらっしゃいませ」と温かいおしぼりが置かれ、ミントの香りが立ちのぼる。アロマテラピー効果で緊張がちょっとほぐれてきた。ふう。

続いて、氷入りのうこん茶、スープ、乾きものがセットされた。この日の乾きものの内容は、ポップコーン、柿の種、おつまみコンブ。あとで聞いたけど、これらっておかわり自由なんですって。カクテル&乾きもの→うこん茶でリセット→カクテル&乾きもの→うこん茶でリセット……とやれば、永遠に飲めるんじゃない? スープは、ほどよい塩気のコンソメスープ。「昔、お通しとして牛乳を出すお店があって、これはいいなと思いました。でも、それをマネするんじゃ芸がないから、コンソメスープにしようか！」と毛利さんが考え出したものだとか。

こういったバーでは、メニューがないのが普通なのかもしれないけれど、ツウぶっておかしな注文をするのは避けたいので、思い切って「メニューありますか？」と聞いてみた。するとカウンターに積まれていた本の中から、カクテルブックを渡された。毛利さんの著書らしい。ベースのお酒、ジュースやフルーツなどの副材料が記載されているので、これはわかりやすい。カラー写真付きだし、グラスはロングなのか、三角形のカクテルグラスなのかもわかるのもいいんじゃない。本は、「スタンダードカクテル」の部と、「オリジナルカクテル」の2章だて。1杯目はさっぱりめがいいなと思って、とモスコミュールを注文すると、予想を裏切る銅製のマグカップにて提供された。大きめのくし形にカットされたライムが泳ぎ、酒心をそそってくる。口をつけると、冷たさとおいしさで、くちびるから凍りついてしまいそう。果汁感あふれるお酒が流れ込み、〝氷の魔法〟にかかった！

さてこのナイスな隅っこ席からは、店内が一望できる。ジロジロ見ちゃだめってわかってはいるけど、気になるのでさりげな〜く人間観察スタート。

「毛利さんは韓国ではアイドルのような存在なんです！」と、マティーニをつくる毛利さんの手元をうっとりと眺める韓国から来たらしい男性がいたり、普通の居酒屋に

●グラス
ロングタイプのものは時間をかけてゆっくり、ショートタイプ（三角形のいわゆるカクテルグラス）のものは早めに飲み干す、というのが流儀とされている。ただ、お酒は嗜好（しこう）品なので、そこまで厳格に守らなくてもよさそう。

●スタンダードカクテル
『N・B・A・新オフィシャル・カクテルブック』『新版N・B・A・オフィシャル・カクテルブック』（いずれも一般社団法人日本バーテンダー協会編著）に掲載されたカクテルのこと。

●マティーニ
ジンベースのスタンダードカクテル。ドライ（辛口）ジンにドライベルモット（フレーバードワイン）を加え、オリーブの実を添えるだけのシンプルなカクテルなだけに、バーテンダーの実力が問われる。アルコールは強めなのでお酒の弱い人はちょっと注意！

マティーニはオリーブ２個付きで酒心がくすぐられる。

エレベーターを降りると、毛筆の看板がお出迎え。

毛利さんの著書がメニュー代わりになっている。

鮮やかなライム入りで見た目も素敵なモスコミュール。

いそうな男性会社員2人組が合コンの相談をしていたりと、客層はさまざま。カウンター以外にはテーブルが3卓あり、意外とカジュアルな印象。テーブルでも、3、4人が思い思いのカクテルを注文し、素敵なお酒とおしゃべりに興じている。オーセンティックバーなのに、ゆるい空気感が漂い、ほかのお客さんの話し声やガハハ系の笑い声までも妙に心地いい。

2杯目は「毛利さんのマティーニを」と、指名。もちろん、全員がつくれるだろうし、「初回で厚かましい?」とも思ったけど、人生初の指名。届けられたその一杯、繊細なカットがほどこされたグラスが美しい。マティーニの永遠の友達・グリーンオリーブは、グラスの中に1つと、小皿にのせられた大ぶりのものが1つ。「お好きなように召し上がれ」とのこと。塩気のあるオリーブで、お酒が、進む進む。これが毛利マティーニの真骨頂かしら。きりっとした飲み口で、鼻に抜けるさわやかな香りもいい。勇気を出して、毛利さんに話しかけてみた。

「ベースのジンは、スコットランドのブードルズ。私は、一般的なジンの味があまり好きではなかったので、『こういう味のジンを探してほしい』と、サントリー、ニッカ、アサヒなど、さまざまなメーカーの人にお願いしました。そうして、甘さ、コク、深みともに最高のものに出合ったんです!」と毛利さんはうれしそうに話してくれた。銀座のバー愛好家たちは、「凍らせたジンを100回もステアしてつくるらしい。その手元が世界一美しいんだって!」などとウワサしている、まさにその一杯を前にし

書斎のようで落ち着けるカウンター席。

て感動。

「でも、2年前ぐらいにブードルズが販売終了になったので、ベースのジンを変えたんですよ」と毛利さん。長く飲み続けてきたお客さんは、さすがに味の変化を敏感に感じ取ったというが、根強いファンは離れることはなかった。さすが、味覚の天才。

さて、毛利さんのバーテンダー人生について聞いてみようかな。

「出身は北九州市で、野球を続けるために上京しました。あるきっかけで『東京會舘』でアルバイトをはじめ、バーテンダーの世界を知りました」とのこと。「はじめのころは、ほとんど飲めませんでした。お客さんにすすめられたり、味見・試作をしたりするうちに、だんだん強くなってきたのかな」

いまでは、すっかり〝飲み手〟としての成長も遂げ、自分のお店や銀座のあちこちでお酒を楽しむ日々らしい。１９８４年、１９８５年のカクテルコンペティションで全日本1位。１９８７年には日本代表として出場した世界大会で、味・技術部門トップ、総合4位など、輝かしい成績を収めた大御所だが、「お酒が弱くて毎日ゲーゲー吐いたときもつらかったし、お酒をつくる手元を見て飲まずに帰ってしまうお客さんもいました」といった挫折《ざせつ》体験もあるらしい。その負けん気は、九州男児・高校球児を思わせる。毛利さん、素敵だな。あと、ついでに、交差点角の謎のインテリアショップについて聞いてみたところ、「○源ビルのオーナーの個人コレクションみたい。わざわざ電気代を使って、一日中煌々《こうこう》と照らし出しているらしいよ！」と。売る気ないんだ！　銀座っておもしろいな。

さて、モーリ・バー来訪のまとめとしては、「日本最高レベルのカクテルが飲めるのに案外カジュアルでも◎」ということにつきる。毛利さん目当てなら、ほぼ毎日20時半以降に。ドキドキしながら話しかけても、気さくに答えてくれるはず。ほかのバーテンダーもお話上手で親切で、ああほんとにいいお店。おひとりさまにも向く感じで、手持無沙汰タイムのために文庫本を1冊持っていくとよさそう。スマホいじりは無粋です。さあ、行ってらっしゃい。

モーリ・バー

料金体系の基本は、チャージ1500円（うこん茶、スープ、乾きもの付き）。お客の9割はカクテルを注文し、1杯1500円～2000円程度。フレッシュフルーツを使ったオリジナルカクテルなども可能。予算の目安は、1人3000～1万円。

東京都中央区銀座6-5-12 新堀ギタービル10F
☎03・3573・0610

名前が気になる！　下町クラブ ガールズ マキ ⓘⓝ 白山

ふたり合わせて8万円を握りしめて、王将チャーハン!?

文京区白山は、閑静な住宅地の中に親しみやすい学生街の顔を併せ持つ街。懇意にしている料理研究家さんが立派なキッチンスタジオを構えているのでしばしば出向く。そしていつも〝文京区っぽさ〟をみじんも感じさせない『下町クラブ ガールズマキ』の看板に目がくぎづけになる。白山って下町だっけ？　さてそのお店は、白山通りが「白山下交差点」でY字に分かれるあたりに立地。たぶんスナックなのに、通りに面してガラス張り。緑色のシールで目隠ししてあるのが余計怪しいし、中が気になる。

こんなハードルの高いお店にひとりで行けるワケないから、飲み仲間のIさん（男性）を誘う。「いくら取られるかわからないから5万円持ってきた」なんて、どんだけびびってんの。でも、かく言うわたしも3万円持ってきた。合計8万円あればどうにかなるでしょう、と腹を決めた。それに、通りに面した健全な立地なのできっと

白山通りにこの派手な看板を出している。

と高いお店じゃないでしょう。きっときっと大丈夫、と覚悟を決めてお店の前へ。威圧感のあるドアではない。漏れ聞こえるカラオケは『東京ナイト・クラブ』と、スナックカラオケのド定番。

「新規でスナックに入るときは、先客のカラオケの間奏か、曲の終わりを見計らって入るのが礼儀らしいよね」という聞きかじり程度の知識をIさんに披露し、タイミングをうかがう。すると、恰幅《かっぷく》のいい男性が背後から「どうぞ!」と超フレンドリーに近寄ってきた。この店のマスターらしい。先導されておそるおそる入店したころには、カラオケは『別れても好きな人』に変わっていた。定番! 歌える!

先客はおじいさまおひとり。10人弱もの女の子にズラリ取り囲まれている!? ちょっと多すぎないかな……? おじいさまのお隣には、迫力のある女性が、ソファにでで一んとまるでわが家のようにくつろいで寝っ転がっている。この人がお店のママで、先ほどのマスターの共同経営者らしい。

マスターは、料金体系を説明したのち、いつの間にか行方不明となった。

「いまたぶん近所のファミマ。よく街をウロウロするんですよ。マスターは目がいいから、一度来たお客さんを一瞬で見つけるんです」と女の子が教えてくれた。なるほど、マスター自ら

◉東京ナイト・クラブ
1959年にリリースされたフランク永井&松尾和子によるデュエットソング。「東京」という地名がタイトルに入った歌のなかで、いつの時代もリクエストランキングはトップクラス。

◉別れても好きな人
1979年リリースのロス・インディオス&シルヴィアがカバーしたバージョンが有名だが、オリジナルはパープル・シャドウズというグループ・サウンズのバンドのもの(1969年)。こちらもデュエットソングの定番。

街に出てお客をハントしてくるのか（笑）。

わたしたちは奥の席に案内され、初回なのでハウスボトル（お店のボトル）とミネラルウォーター＆氷のセットを注文。先客のおじいさまを取り囲んでいた女の子の半分ぐらいがぞろぞろと移動してきた。おじいさまのテーブルには、ちょっと年上のおねえさま方が残った。それから入れかわり立ちかわりで延べ6名ぐらいとお話しただろうか。全員若くて、スレてない感じもいいよね。聞くと、このお店には女の子が総勢15名前後在籍しているという話だから、結構な大所帯だ。

おつまみはどうなっているの？　と聞くと、このタイプのお店には珍しく、しっかりとしたメニューブックを持ってきてくれた。そして、内容の充実ぶりについつい熟読してしまう。枝豆、冷奴、お新香などのおつまみ以外にも、ちゃんとしたお食事メニューもあるみたい。おつまみ系はだいたい1000円、お食事系はだいたい2000円と、料金を明記しているのが安心。日替わり裏メニューまであるようだ。

「焼きそば、焼きうどんによもぎそば。マーボー豆腐まで！」と食欲全開ではしゃいでいると、「マスターは『餃子の王将』で働いていたことがあるので、王将チャーハンもありますよ」と教えてくれた。

「それ食べたい！」と注文すると、マスターがキッチンに入り、餃子の王将エプロンを身にまとった。手慣れたようすで中華鍋をあおり、黄金色のチャーハンをつくりあげた。テーブルで、女の子がレンゲを使ってチャーハンを取り分けてくれるのがかな

◉ハウスボトル
飲み放題に含まれるお店のボトルのこと。これに対して、お客がお店にキープするものを「キープボトル」という。お酒の種類は焼酎、ウイスキーなど。

スナックのような場所で若い女の子にチャーハンを取り分けてもらうのは、実に新鮮な体験だった。

り新鮮。スープもついてくる。

さて、このお店は1時間いくらの時間制ではなく、いくらいてもいいらしい。そういうことなら、席についた女の子にお酒をごちそうしたり自分が飲んだり、カラオケを女の子にリクエストしたり自分が歌ったりするのが流儀だろう。ちなみに、女の子にお酒をごちそうする場合は1杯1000円（初回は税金等込み）、カラオケは1曲200円。しかし、これだけ女の子がたくさんつくとお金がかかるなあ！　でも、多くの女の子に囲まれて「いただきます♥」と言われ、お大尽《だいじん》気分に浸るのもたまの贅沢としてはアリかもしれない。それより何より、女の子同士も仲がいいみたいで、その輪に入れてもらうとちょっとうれしい。なぜなら、ガールズトークに参加しているみたいな気分になるから。連れのIさんもまんざらではなさそう。

そんな感じで過ごしているうちに、すっかり打ち解けて女の子たちはちょっとだけ身の上話などもしてくれた。それと衣装のヒミツ。「なんでこの子ら、肩パッド入りのジャケットとか、サイズの合っていないワンピースとか着てんの!?」と思っていたけど、その答えが会話の中で明らかに（でもここではヒミツ。興味があれば、実際に聞いてみてください）。そして、すっかり夜が更けていた。なじみのお客もぽつぽつと入ってきて、お店もじわじわと盛り上がっていった。マスターはチャーハンをつくったあ

このメニューの豊富さは、まるで街の定食屋か中華屋のよう。

と、2度目の行方不明となり、戻ってきて派手な蝶ネクタイを着用した。それから、カラオケ（石原裕次郎）を熱唱すると、お店は大盛り上がり。その後入ってきたのは男性2人組など。気づくとかなりの量を飲んでいて、ボトルが半分ぐらいになっている。そろそろ帰ろうかと、会計のタイミングをうかがっていると、「えっ、まさか!?」と、わが目を疑うレベルの長身の外国人が登場。しかもかなりのイケメン。「やあ、久しぶり」といった常連風を吹かせながらやってきたのには驚いた。このようなジャパニーズスタイルのスナックのようなお店で、外国人が飲むことあるのね。ご指名が入ったのか、こちらのテーブルから女の子が1人そちらのテーブルへ移動した。

「うわー、酔っぱらった。今日はありがとねー」とお店を出るときに、3時間も経ったことを知った。今日みたいにたくさんの女の子としゃべれば、なかにはフィーリングが合いそうな子はいるもの。わたしの連れのIさんはいい人だけどトークがときにイマイチ。すべったタイミングで「いまのどうよ!?」と、やたら目が合う子がいて、それからはすべり↓アイコンタクト↓苦笑、みたいな共感体験ができたりと、なんだか楽しかったかも。

下町クラブ ガールズ マキ

チャージ1000円、おつまみ（オードブルなど）1000円、氷＋ミネラルウォーター1000円、スコッチウイスキーはほぼ1000円。1人5000円ぐらいからが目安。詳しくはマスターに聞いてみてください。

東京都文京区白山1-31-1
☎03・3830・5444

日本一暗いロックバー　ENDORPHIN ⓘⓝ 自由が丘

爆音ロックに身をゆだね、包み込まれる超俗空間

「ドアを開けて中を見て、そっと閉める（人もいる）」と店主は言った。それぐらい、はじめてのお客にとってこの店は入りにくい。なぜか？　暗すぎるから。ろうそくの灯《あか》りだけで営業をしているので、目が慣れるまで漆黒の闇の中だ。そして、音楽は爆音。スイーツが似合う昼の街・自由が丘にあって、この店だけはいつも夜のムード。『エンドルフィン』という店を知ったのは、行きつけにしている自由が丘のバー『クラプトン』のご紹介である。

「ねえマスター」

「なんだい、えっちゃん」

「入りにくいけど素敵な店を探しているの」

「だったら『エンドルフィン』に行ってきなよ」

◉自由が丘

モンブラン発祥地だったり、有名パティシエが店を構えていたり、自由が丘スイーツフォレスト（フードテーマパーク）があったりと、とにかくスイーツずくめの街。飲食店も多いが、朝までやっている店は少なく、夜遊びにはやや不向き。

中央の目立たない扉が店の入り口。「ENDORPHIN」とレッドツェッペリン風の書体で店名が書かれている。

クラプトンは入りやすくていい店である。対して、エンドルフィンは入りにくくていい店である。音楽の傾向は、クラプトンはエリック・クラプトンがメイン、エンドルフィンはレッド・ツェッペリンがメイン。似ているようでかぶらない。また店主同士がお互いの店に飲みに行ったり、お客さんを紹介し合ったりと、よい関係のようす。それに、クラプトンの店主は「真っ暗の中、爆音で音楽が聞けて気分いいよ。それに、音源は全部レコード。自由が丘の伝説的ロックバーだね」と、エンドルフィンを激推し。ただ最後に、「店主がたまに行方不明になるみたい

◉エリック・クラプトン
1945年イギリス生まれ。ギタリスト、シンガー。「ギターの神様」と称されることもある。代表曲は『Layla（レイラ）』『Tears In Heaven（ティアーズ・イン・ヘヴン）』など。

◉レッド・ツェッペリン
1968年から1980年まで活動したイギリスのロックグループ。ヘヴィメタル（音楽のジャンル）の元祖といわれることも。代表曲は『Stairway to Heaven（天国への階段）』など。

で、ときどき店が閉まってる」と意味深なことをつぶやいた。情報を得てすぐに店に行ってみたら、営業時間のはずなのに本当に閉まっていた（笑）。

２度目の訪問でエンドルフィンの店主に会えた。〝音楽やってる系〟に見えるカッコイイ人だ。長髪。ヤバイ、わたしって音楽にはからっきしうといんだー。それに、こういう本気の隠れ家バーってたいてい取材拒否なのを、経験として知っている。イケメン怖い!!

「『東京ウォーカー』や『女性自身』のようなメジャー媒体に載るわけじゃないから、どっとお客さんが押し寄せるということもないと思います。どうかお願いします!!」と取材の申し込みをしたところ、

「クラプトンは取材するの？」と店主。

「いいえ、あちらは入りやすくていい店なので今回はしません」と、思わず本当のことを言って

『クラプトン』のマスターはフレッシュフルーツを使ったカクテルが上手。自由が丘1-11-3 3F ☎03･6421･3963

しまう。すると、

「いいねえ。本のタイトルはなんていうの？」と、まさかの好感触。

「まことに申し上げにくいのですが、『入りにくいけど素敵な店』です」。すすす、すみません。

「おもしろいねえ。ＯＫ!! うちほど入りにくい店はないもんね」（えっ、やったあ!!）

　取材までにツェッペリンをいくつか聞いて予習でもしようと思ったが忘れた。わたしってばツメが甘い。取材当日はひとりじゃ怖いので、カメラマンに同行してもらった。わたしにとって3度目の訪問となるが、何度来てもドアは重厚で、アングラ感漂う入りにくいムード。木のドアには、何やら金属の彫刻のようなものがあしらわれ、英語で「ＥＮＤＯＲＰＨＩＮ」と記してある。なんの店だかわからないし、そもそも店っぽさもない。

中に入るとやっぱり真っ暗だが、

かろう

真っ暗＋爆音ロック＋お香で、不思議な瞑想（めいそう）体験がおとずれそうだ。

暗闇の中、ろうそくの灯りを見つめているだけで、精神安定効果が得られる。音が大きいので、会話はできない。音楽に集中しよりよい時間を……。

重厚な木のカウンターが、大人の夜を演出する。

じて薄明かりに照らし出されたメニュー表を見つけた。見ると、お酒メニューはだいたい700円、800円と意外にリーズナブル。「お酒はハードリカー系。あとは、ジントニックなどの簡単なカクテルもできます」と店主。今夜も素敵です。だけど、ご本人は撮影NG。残念。

レコードは約2000枚もあるらしい。ツェッペリンがメインだが、1970年代のロックは全般的にかけ、お客さんの雰囲気や時間帯に合わせて曲を変えるのだとか。最初に訪れたときは、「和モノはほとんどない」と言っていたが、話が盛り上がって打ち解けていくのにつれて、「実はユーミン大っ好き。松任谷じゃなく荒井由実時代の」と、店主はこっそり打ち明ける。あらそれは意外だわ。それから、レコードで『ひこうき雲』をかけてくれたのだが、音響が素晴らしくて思わず涙ぐむ。

◉ユーミン
松任谷由実（旧姓・荒井）さんの愛称。フォークソングよりも洗練されたニューミュージックの草分けといわれる。

◉すしざんまい
首都圏を中心に展開するすしチェーン。24時間営業の店舗がほとんどでお酒も充実。居酒屋遣いすることもできる。また、マグロ初競りで例年最高値をつけることでも有名。

「店の入り口と奥にスピーカーを付けているので、店の真ん中の席が特等席。左右の音が絶妙に混ざり合って、最高のステレオ効果が得られるスポットです。スピーカーはJBL、アンプはサンスイ。レコードプレイヤーはテクニクスの有名なやつ。あと、ミキサーはベスタクス」と教えてくれた（機材のことは詳しくはわからない）。また、店内は「黒」にこだわってエアコンも給湯器もすべて黒く塗ってあること、高知県出身であること、お酒が好きで大衆酒場によく出かけることなども。

「これからね、目黒川で花見をした後の団体さんが来る予定なんです。だから東急ストアに買い出し」と、庶民的なコメントに親近感。聞くと、なじみのお客さんだという話。入りにくい店だが、一度気に入ると長く通うお客さんは少なくない。そしてたぶん、店主はきっと、人間が好きなはず。お客さんからも慕われていると思う。

「たまにお客さんと『すしざんまい』に行ったりします」。えっ!?

「24時間やってるからね」

そうでしたか、ご不在のときはすしざんまいなどにおられるのですね。でも、「あそこの店主はああいう感じだから、そういうもんだ」と、ありのままで許容されている。愛されていますね！

ENDORPHIN エンドルフィン

席料は500円。お酒は700円〜。予算の目安は、1人2000円〜といったところ。「私語厳禁」というわけではないが、音楽を楽しむところなので大声でのおしゃべりは控えめに。営業時間は20時〜翌5時（基本）。

東京都目黒区自由が丘1-12-2
☎03・5701・1510

大人が遊ぶ、夜世界

「怖そうな人ほどやさしい」ことを知って

初対面の人に緊張しなくなるように、

入りにくそうな店にもするっと入って

東京の夜をディープに楽しもう。

第4章

たたずまいも文化財級
あなたと寄り添う喫茶店

甘い香りでいざなう喫茶室　フルーツパーラーたなか in 西小山

完熟・果物パラダイスで、昭和スタイルのパフェをいただきます!

店先には食べごろの果物がいっぱい。それを、風に揺れる裸電球が温かく照らしている。『フルーツパーラーたなか』という喫茶室は、果物売り場に併設されている。おそらく、お住まいも兼ねていると思われる。こんな古くて素敵な建物に入れるなんて……とうっとり見入っていると、店主と目が合った。

フルーツパーラーはやってますか?　とたずねた。中に人の気配はない。「ええ」と店主。扉の前には、食品サンプルを並べたガラスケースが置かれてある。どれぐらいの時を刻んだのだろう、色あせて古ぼけてはいるが、妙に食欲がそそられる。

中へ入ると、熟れた果物の香りが立ち込めている。これは究極のアロマテラピーだ。働き者の店主は、こちらの接客と調理も担当しているようだ。迷わず、「イチ

ゴパフェ。それとホットコーヒーを」と注文した。店内にBGMはない。しーんとした空間でしばらく待つ……。

「先にコーヒーから出しますね」と、ステンレスのミルクピッチャーが添えられたコーヒーが到着。ガラス製のシュガーポットもレトロで、この喫茶室によく似合っている。

それからトントントンと、果物を刻む音がする。果物は注文を受けてからカットす

◉ステンレスのミルクピッチャー
古い喫茶店でよく見かけるミルク入れ容器。正式名称は、海軍型ミルクピッチャーという。船上で使ってもこぼれないように、台形になっているのが特徴。

軒先の果物の鮮やかさ、店名の筆文字、食品サンプルが、昭和の三重奏。

小ぶりなサイズながら、器の底までイチゴがぎっしり。見た目以上に食べ応えがある。

るらしい。

10分ぐらいワクワクして待っていると、小ぶりながら存在感満点のパフェが登場。

「わー!!」と思わず歓声を上げてしまう。

「はじめて?」と店主が笑う。「赤と白の色の取り合わせがいいでしょ?」

真っ赤なイチゴに純白のクリーム。イチゴはきれいな三角形をしており、断面まで赤い。うるうると果汁をしたたらせてわたしを悩殺してくる。スプーンとフォークがクロスの形で添えられているのもかわいらしいなあ!

「今日のイチゴは、あまおう。型が大きいから2つに切ってあるの。小さなイチゴだと丸ごとを6個ぐらい飾ることもあるよ」とのこと。

ではいただきますか。おやおや、なんて立派なイチゴなんでしょう。穏やかな酸味とこっくりとした甘み。かためのホイップクリームが主役のイチゴを見事に引き立てていますねえ。アイスクリームの下に、カサ増し用のコーンフレークなどなく、冷え冷えのイチゴが潜んでいるところにも好感を覚える。あっという間にいただきました。うーん、これは困った。まだまだいける……もう1個食べようかな。バナナパフェ、フルーツパフェにチョコレートパフェ? 果物屋さんなのにチョコ? 食欲より好奇心でモノを食べる傾向があると、こういうのを頼んでしまう。「チョコパフェ!!」。

「うちは果物屋なのに、イチゴが嫌いっていう人がたまにいるから。チョコパフェは

色の取り合わせがかわいらしくて、見ていてうっとり。

客席はテーブル２卓のみ。壁には有名人のサイン。

果物はひとつも入らず、チョコソースをたっぷりかけるだけ」と、あまりおすすめしていないごようす。

そういうことなら、「じゃあ、フルーツみつ豆!!」

店主とわたしだけの空間に、ゆっくりとした時間が流れていく。熟れた果物のにおい……寝そう……と気を失いかけたそのとき、これまた愛らしい一皿が現れた。シュガーをまといキラキラ輝く黄色のゼリーがちょこんとのっていて、なんてかわいい。おじさま店主が、こんな乙女チックなパフェをつくるなんて。そして、手前の色鮮や

◉せとか
清見（きよみ）×アンコールの交配種に、さらにマーコットを交配して育てた柑橘。

◉清見（きよみ）
日本ではじめてつくられた、温州みかんとオレンジの交配種。

◉土佐小夏（とさこなつ）
日向夏（ひゅうがなつ）の別称。ユズから生まれた自然交雑種と考えられている。

かなミカンが信じられないおいしさ。糖度がものすごくて、甘いだけじゃなく深いコクを感じさせる。ガラス容器の底には、蜜に沈んだ寒天たち。スプーンですくってほおばると海藻の香り。

「寒天はね、うちでつくってるから。それと、そのミカンは『せとか』っていうの」

せとか。おいしいので買って帰りましょう。いくらかしら？　えっ100円って安い！　清見と土佐小夏も100円。アボカドも安い。

「50円。食べ頃です。押さないで」って書いてある。信じる。

「せとかって見た目は地味だから、贈答品には選ばれないけど、食べた人は絶対おいしいっていうんだよね」

見た目は地味でも中身で勝負。せとかがんばれ。しかし、果物の話をするときの店主の顔いいなあ。いいもの選ぶ、確かな目利きに惚れました！

フルーツパーラーたなか

ジュース300円、パフェ400円～500円と、良心的な価格設定。不定休なので、行く前には電話で確認するのが確実。夏になると、かき氷がメニューに加わるので、こちらもお楽しみに。

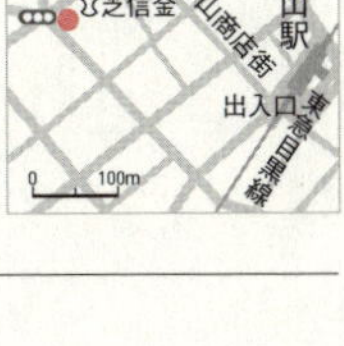

東京都目黒区原町 1-14-16
☎ 03・3714・1048

誰でも入れる小粋な〝舞台裏〟 純喫茶 楽屋 ⓘⓝ 新宿三丁目

お茶だけ、軽食、落語家さん目当てなど、楽しみ方はあなた次第

新宿末広亭の裏手にある『純喫茶 楽屋』。通りに面して間口は狭い。それに、ドアを開けてすぐに喫茶スペースがなく、長い階段を上ってようやくたどり着くという構造もわかりづらい。看板は例の3色の舞台幕のカラーリング。小さく「喫茶」、どでかく「楽屋」と書いてあるから、「喫茶」の文字を見落としがち。だから「ああ楽屋ね。芸能人や芸人さんが準備や休憩をするところだから自分には関係ない」と思って素通りしてしまう。でも、「創業50年を超えた喫茶店です。ホットコーヒーや軽食などもご用意しています。のんびりできます。お気軽にお入りください。」と貼り紙があるように、このお店、実は誰でもウェルカムなのです。

中に入ると意外と広い。

「ああようこそ。好きなように撮ってってください」と、店主が迎えてくれたがやや

◉新宿末広亭
1946年に開館した寄席（大衆芸能の劇場）。落語を中心に漫才や奇術なども演じられる。

◉3色の舞台幕
定式幕（じょうしきまく）が正式名称。柿色、萌葱（もえぎ）色、黒色の3色縦縞が一般的。永谷園っぽいやつ。

カウンターは常連さん向け。テーブル席はゆったりとしたつくりで、思う存分自分の世界に浸れる。

そっけない。カウンターの中では娘さんらしき女性がテキパキと立ち働いている。すると、きれいなお姉さまがトントントンと階段を上がってきた。ただならぬ存在感。この人は素人ではない……。これはさっそく、本物の芸人さんの楽屋タイムに遭遇か!? お姉さまはカウンターに着席し、うどんを注文した。

「こちら、取材でおじゃましております。後ろ姿が写ってしまいそうですが、大丈夫でしょうか?」

と聞くと、

「もちろん。前からでもどうぞ」

と、人懐こい笑顔で返してくれた。さすが、とっさのひと言も洒落《しゃれ》てるなあ。

「今日はなんか、女の園だねえ」

とお姉さま。この空間には店主、店主の娘、お姉さま、カメラマン、わたしと、全員女性だ。普段は9割が男性だからこれは珍しいねえ、とひとしきり盛り上がる。なんとなく場が和み、話もガールズトークのようなとりとめのない方向に。さて、わたしも何かいただきましょう。

こちらの名物はなんでしょう？

「名物って特にないけど、アイスコーヒーがよく出るね。昔は夏だけだったけど、いまはエアコンがあるから季節モノってのはなくなっちゃいましたね。いまどきかき氷でさえ一年中でしょ」と店主。アイスコーヒーってところでおいくら？……あれ、メニューに値段が書いていない。あのあの、お高いんでしょうか？

「値段を書いたらいやらしいじゃない。ここ（カウンター）にちゃんと500円って書いてあるし、いつも決まったものを召し上がる方が多いですからね」と娘さん。

「メニューは、『笑点』の題字を書いた人の文字よ。橘《たちばな》右近《うこん》さんという人。寄席文字っていうの。うちのおじいさんが噺家《はなしか》で、その一門だったつながりで書いてくれたんだけど、いまはそのお弟子さんの左近さんが末広亭で活躍中よ。それと、額装してある『魚一網《さかなひとあみ》』の文字は、網ですくった分の魚を景気よく全部ということ。新店祝いのご祝儀に贈るものなの。満席になったらお店はお客さんの髪の毛で真っ黒でしょ。そうなるように願いをかけて、余白を出さないように文字はなるべく太く書くんです」

●**寄席文字**（よせもじ）
寄席の看板などに使用される文字。江戸文字のひとつだが、歌舞伎文字や相撲文字とはまた違う。

『笑点』の題字を書いた人が書いてくれたそう。

レジにある現役のコインカウンター。

磯辺と楽屋餅を合わせて3個＋昆布茶セットの寄席餅。

銅製マグカップでいただくアイスコーヒー。

55年もやっていると、こうした書だけでなく、ぬいぐるみやお神輿など、さまざまなものが集まってくるらしい。

「ピーポくんのぬいぐるみは、一日署長を務めた、とある噺家さんが『うちに置けないから』って。特大サイズのものは警察署長しか買えないものなんですよ。末広亭の楽屋は個人のものを置くスペースがないから、『花束より札束だろ』なんて笑いながら花束を置きにくる人もいます。お神輿は50年前に店主の両親が作った楽屋のお神輿。客席のライターを入れている枡《ます》は、『銀座あけぼの』の営業さんがその年の干支のものを毎年くださるんです。あっ、枡だけで中身は入ってないよ」

母娘の軽妙なトークに聞き惚れていると、銅製のマグカップでアイスコーヒーが登場。苦みは控えめで美味。透明感のある氷が涼しげに泳いでいる。

「その銅製のカップは浅草に1軒だけつくってくれるところがあって、1つ1万円もするのよ！」

1万円のカップでコーヒータイムってなんて贅沢。それに、大都会・新宿にあってこの落ち着きよう。障子みたいな窓で外から遮断されていて、時間と場所を忘れさせてくれるのかな。取材だというのにすっかりくつろいできましたよ。寄席餅っていうのを追加でいただきます。軽食メニューも充実しているんですね。

このお店が気に入って行きつけにしたいんですが、営業時間はどんな感じでしょう？

◉ピーポくん
1987年に誕生した警視庁のシンボルマスコット。名前は人々の「ピープル」と、警察の「ポリス」の頭文字を採ったもの。

◉銀座あけぼの
老舗和菓子店。新宿伊勢丹店あり。その年の干支が描かれた枡（ます）に豆を詰めたものを節分に販売しており、その枡を純喫茶楽屋ではライター入れに使用。

◉松旭斎小天華
芸種は奇術（マジック）。1981年には昭和天皇、皇后両陛下にマジックを披露した。

「テキトーなんだけど、だいたい9時半ぐらいから。お客さんが『明日早く来るよー』って言ったらその時間に開けるし、終わりもお客さんが帰るまで」と娘さん。これは常連さんだけでなく、たまたま入って気に入って「明日も来るね」っていうような人にも対応するというから頼もしい。

「お休みは月2回。『明日休みだよ』って言ってるのに、店の前まで来る人もいるんだよね〜」と、娘さん、大笑い。

「あとは、川柳の句会をするグループなども定期的に来ます。テレビ撮影に半日ぐらい貸すことはあるけど、完全貸し切りはあまりしないわね」と店主。芸人さんたちが憩う場所でありながら、訪れる人すべてに広く開かれている感じがすごくいい。


ところで、ずっといらしたお姉さまは、松旭斎小天華《しょうきょくさいこてんか》という芸名で活躍している方であった。ひええ。そして、後から聞いた話だが、末広亭と喫茶の楽屋はつながっているんだとか。ホントのホントに楽屋じゃないの。ひええ。

純喫茶 楽屋

喫茶だけならアイスコーヒー500円、ホットココア550円など。軽い食事をしたいなら、小うどんと昆布茶のセット750円などがおすすめ。ビール、日本酒、ウイスキーなどアルコールも少々用意している。

東京都新宿区新宿 3-6-4 2F
☎ 03・3351・4924

比類なき猥雑《わいざつ》レトロ感！　蜜蜂 in 新井薬師前

近所にあれば毎日通いたい。年を取ったらなおさらだ

「新井薬師の『蜜蜂』なんか、この本にピッタリだと思うんですが、知ってます～？」と、本書の撮影（一部）に同行してくれたカメラマンがたずねる。知らない知らない。

「かなり古いお店だけどいつも大賑《にぎ》わい。入りにくいんだけど落ち着くから、何度か行ったことがあるんです。お菓子が食べ放題なのもうれしい～！」

へえ、そうなの。いいこと聞いた。さてそれはどんなものかしら？　と、リサーチがてらお茶を飲みに行った。

朝10時。お店をのぞくと、ガラス窓越しに犬と目が合った。店内はすでに人でいっぱい。犬も何匹かいるみたい。ドアは、表通りに近い正面っぽいところと、路地に面した裏口っぽいところの計2つ。初見なので正面から参りましょうか。それに

しても、モサモサに育った植物に覆われ、花もたくさん。ドアは森への入り口みたいだよ。

中に入ると、先客の目が一斉に注がれる。どきっ。カウンターの端っこが1席空いているので、ここに座らせてもらおうっと……。カウンターの中には、手際よく

色とりどりの花が咲く店先。中をのぞくといつも賑わってるからすごい。

コーヒーを淹れながら見事な客さばきを見せる女性。いまどき珍しいサイフォン式だ。サイフォン器具の隣では、水出しコーヒーの器具も稼働中。

「荷物、じゃまにならないところに置いてあげようか?」と、接客担当のお母さまが気にかけて話しかけてくれて、緊張が一気に解けた。犬連れのお客さんも、「あなた、はじめて? 犬好きならラッキーよ。今日はこんなにたくさんの犬に会えるんだもの」と話しかけてくる。なんてフレンドリー。犬は5頭ぐらいいて、どのコもお利口なので看板犬かと思ったら、みんなお客さんのペットのようだ。

カウンター席には、お菓子がぎっしり詰められたカゴが置かれている。

「お菓子は食べ放題よ。たくさん食べてね」

おお、これがウワサの。ではワタクシ、コーヒーとトーストのセットを注文します。お菓子以外に、バナナのカゴ、ゆで卵のカゴがあり、テーブルの上はホームパーティーみたいな賑やかさだ。メニューをじっくり見ると、モーニングは開店から閉店まで一日中やっているようだ。紅茶も種類豊富で、選ぶ楽しみがあるなあ。

ふと、店内を見やると、テレビに見入る人、何やらの談議をする人、静かにコーヒーを飲む人、愛犬と見つめあう人……。人の数だけくつろぎのかたちがある。いいお店だな、と思っていると、トーストが登場。スプーンを入れたジャムが2つ添えられた。そして、

◉サイフォン
フラスコ(下ボール)に入ったお湯が加熱されて→ロート(上ボール)に押し上がり→コーヒー粉とお湯が接触しコーヒー液となったのち、フラスコに戻ってくる、という仕組みのコーヒーの淹れ方(参考:UCC上島珈琲株式会社公式サイト)。

◉水出しコーヒー
お湯ではなく、水で抽出するコーヒーのこと。雑味が少なくクリアな味わいが楽しめる。

「ランチ（から）ピザトースト」は飲み物代＋300円。2014年からの商品で12時から閉店まで注文可。

「いただきものですが、高級なジャムよ。これもよかったら」と、成城石井ブランドのジャムをおまけでつけてくれて、トースト1枚に対してジャム3つ。それに、お菓子食べ放題。大サービスじゃないですか！

すっかりくつろいで帰る。電話で正式に取材を申し込みをして、OKをもらった。ラッキー。

紹介してくれたカメラマンと連れ立って、取材当日。前回とは違う男性だけだ。ひとりでカウンター8席、テーブル3卓のお店を切り盛りしているから感心する。だが、当然手が回らないことはある。そのために「待つ間も和んでもらおうと思って、お菓子の食べ放題をはじめました」ということだ。壁にのど飴が貼りつけてあったり、

シックな店内だが、壁にのど飴が貼ってあったりする。

「シナモンバナナトースト」は飲み物代＋160円。

◉成城石井
首都圏を中心に展開する高級スーパーマーケットチェーン。

◉サードウェーブ
サードウェーブの前に、まずファーストウェーブ（第1の波）。これは、日本の喫茶店ブームのこと。セカンドウェーブ（第2の波）は、より上質のコーヒーを追求する流れ。これを牽引したのがスターバックスなど。これに続くサードウェーブ（第3の波）は、単一の農園でつくられた豆をブレンドせずに使い、豆は浅煎りにする、などといったスタイル。

テーブルに老眼鏡＋虫眼鏡のセットが置かれているのも、このお店らしいホスピタリティーだと思う。

「店の創業者は私の父です。母と嫁が手伝ってくれているんですが、嫁のほうがテキパキしているからよく誤解され（て、私がお婿《むこ》さん扱いされ）るんです」と笑う。シャイな感じだが、ユーモアセンスは抜群。最高に笑ったのは、

「いま、コーヒーの世界ではサードウェーブが来ていますでしょ？　でも、この街にはサードウェーブどころか、セカンドウェーブも来てなくていまだにファーストウェーブの純喫茶カルチャー全盛」という発言。でも、無味乾燥なセルフのコーヒーショップより、個人経営の喫茶店のほうがいい！　こういうお店、大好きです。それと、「テレビあげるからコーヒー1年分タダにしてよ」と、特大のテレビを持ってきたお客さんのお話もおもしろかった。ああ、よく笑った。

「今日は楽しく取材していただいて、本当にありがとうございました」と、店主。はい、取材を忘れて本気で楽しみました。

こういうお店がある街の人は幸せだ。年を取ったら、毎日通ってコーヒーを飲みながら新聞を読みたいな。日常にある小さな幸せって、きっとこういうこと！

蜜蜂

飲み物代＋お安い料金でトーストなどの軽食を付けられる「モーニングセット」を一日中実施しているのが大きな特徴。こちらだと、たとえばコーヒー500円＋厚切りトースト100円など。アルコールはビール500円など。

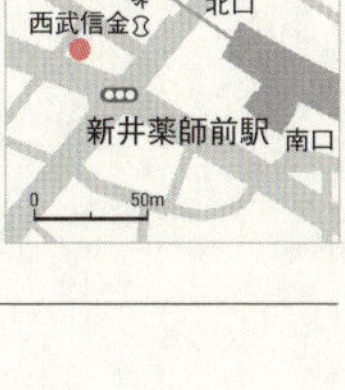

東京都中野区新井 5-27-2
☎ 03・3387・9950

喫茶店は、生きている物語

古い喫茶店は、生き様というか

店主の思いというか、魂のかけらが

インテリアのひとつひとつに、

入り込んでいるような。

第5章

売り手も買い手もハッピーに！自慢の逸品、売ってる店

水槽趣味への入り口 アクアリウムショップGINSUI ⓘⓝ麻布十番

気になるあの店に入ったら、気分はみるみる水中世界へ

モツ焼き、焼き肉、蕎麦《そば》にパン……。老舗からニューウェーブ系まで、さまざまな食べ物屋さんがひしめく麻布十番商店街の中で、不思議な商いをしているお店がある。その入り口は、商店街に忽然《こつぜん》と現れる半地下へと続く階段。控えめな照明と、光に照らし出された巨大な水槽が出迎え、中の水草は新緑のような鮮やかさだ。冷やかしで入るようなところではないのはわかるが、なぜか吸い寄せられてしまう……。

お店の名前は『アクアリウムショップGINSUI』。魚などの生体、レイアウト水槽（完成品）、水槽や消耗品などを販売している。魚はメダカや金魚といったおなじみのものから、1万円を超える希少なものまでを展示・販売しており、店内はちょっとした水族館のよう。珍しいカエルなどの両生類も少々。

実はわたし、このお店を取材したことがあり、それをきっかけに水槽趣味にちょっ

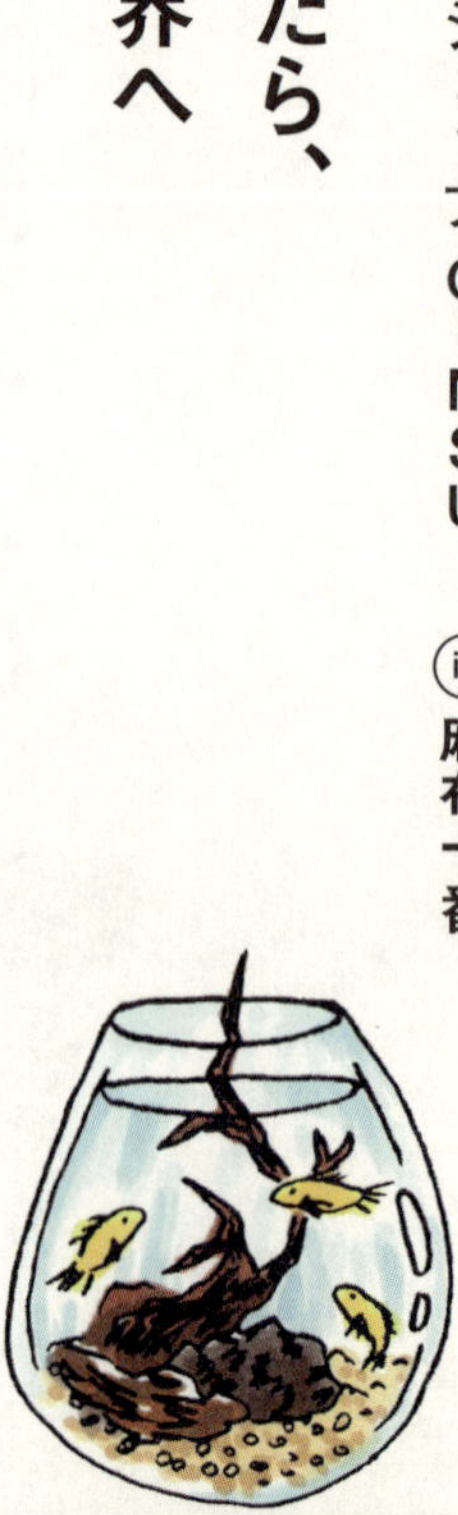

階上にはマダム向けのブティックがあり、その下に埋もれるように入店。緑色の看板が目印だ。

とハマった。その後、水槽に入れるために流木や石ころを数千円で買ったり、バクテリアを育てたりすることになるとは夢にも思わなかったなあ！

さて、店主にお話を聞こう。

「うちは、ネイチャーアクアリウムのお店です。ネイチャーアクアリウムとは、『川の一部を切り取って水槽の中で再現する』趣味です」。具体的には、水槽に砂や土を敷き、流木や石などをレイアウトしたセットをつくり、そこで水草や魚を育てたりする。言葉で言うのは簡単だが、レイアウトの見栄えのよさと、水草や魚が元気に育つ環境を両立させねばならず、これが結構

◉バクテリア
水槽内にすみ着いて魚の糞などを分解し、水質を保つ。液状のものなどが市販されており、これを水槽に投入する。

店のオープンと同時に水槽のライトをON。水草が活発に光合成をはじめ、葉にたくさんの気泡ができてくる。命の営みを感じられるのも水槽趣味のいいところ。

Ginsui

店に入ってすぐの水槽。流木をメインに、さまざまな水草を植え込み、小さな魚を群れで泳がせている。「もしも価格をつけるとしたら100万円」とのこと！

難しい。

「水草をきれいに育てるためには、水、光、二酸化炭素が必要。そのバランスが崩れるとコケが発生したり、水草が育たなかったり育ちすぎたりというトラブルが起きやすくなります」

とはいえ、自分の部屋の中で、小さな生態系を完成させるネイチャーアクアリウムは、趣味としての魅力十分。

「理科の知識も必要だし、器具をそろえるのにもお金がかかります。子供にはできない大人の趣味といえますね」

いやホントにその通り。でも、水草が鮮やかに繁茂する水槽のなんと美しいことでしょう！　昔は水草を育てるためのアイテムなんてまったくなくて、水槽に緑がほし

◉光合成
植物が光を取り込み、水と二酸化炭素から炭水化物をつくり出し、その過程で酸素を放出するはたらき。

よく見ると案外かわいい顔をしているアカメアマガエル。

根強い人気のあるカメ。しぐさが愛らしく見飽きない。

いときは人工水草を入れたり、水槽の背面に写真や絵を貼ったたり程度だったもの。

ところで、海水魚はやっていらっしゃらないんですか？

「海水魚だと水草が育てられませんから！」と店主。あくまでも、水草が主役の水槽にこだわっているらしい。

でも、ワカメを育てればおかずになって便利では？ と言うと店主と奥さまに大爆笑された。海藻は水槽で育てると溶けちゃうんだって。えへへ。

「ところで、水草から泡が出ているのに気づきましたか？ 光合成です」と教えてもらったので、水槽に張りついてみる。ほんとだ、水草にびっしり気泡がついて、しばらくすると水面に上っていく。光合成という命の営みを目の当たりにして、しばし感動。観葉植物では見られないもんね。

さて、ひと通りお話を聞いたところで、取材は終了。ところでこちらは、個人のお宅やオフィスで水槽をつくる（完成品は重すぎて運べないため現地出張）サービスも行っているとのこと。ちなみに、お店に入ってすぐの大きな水槽が100万円、隣が50万、その隣が20万（すべて取材時の参考価格）。癒やしの水槽、おひとついかが？

アクアリウムショップ GINSUI

水槽の価格はピンキリだが、1000円台の安価な水槽もあるので、初心者にぴったり。お小遣いで買える価格のメダカや金魚もいるので、子供連れでも楽しめる。

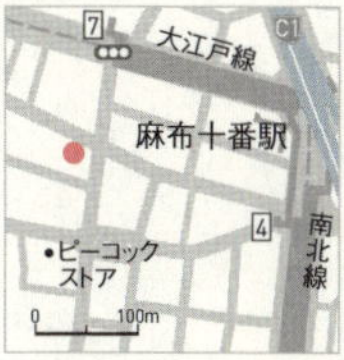

東京都港区麻布十番 2-4-6 B1
☎ 03・3451・7507

八百屋なのに野菜がない!?　加藤青果店 (in) 本郷三丁目

八百屋2代目、3代目と一緒に大田市場へ行き、心意気に触れる

仲良しの加藤秀幸くんちの実家は文京区本郷の八百屋だ。 八百屋なのに野菜がない。でも、そこが八百屋だって知っている近所の人は野菜を買いにやってくる。

ちなみに加藤くんは家業を継がずに、家業の一事業部門として、『八百屋が始めた居酒屋 八百八《やおはち》』というのをやっている。

加藤くんちの野菜は、文京区の人気店・老舗店に卸される。開店前から大行列ができる『もつ焼き じんちゃん』、都内各地にある加賀屋グループの総本山『加賀屋 本郷店』、手打ちうどんが評判の『こくわがた』など。加藤くんと加賀屋で飲んだことがあるけど、サラダを食べながら「これうちの野菜。旨いだろ?」って言っていたのが、誇らしげでよかった!

加藤くんちのお店は、『加藤青果店』という。 青果ってあるのに、中をのぞく

◉八百屋が始めた居酒屋
八百八
旬のおいしい野菜料理が主役。店主が厳選した地酒も魅力だ。東京都豊島区池袋3-17-5。
★「本書を見た」で、500円以下の飲み物1杯サービス（1回限り）。

と野菜がホントに見当たらない。レジもなければ人もいない。よくよく見ると、カレールーや缶詰、卵などが少量あったりするけど、意味わかんないなあ。

でも、東京で3代続く八百屋なんてめったにない。それに、文京区というのが都会的であか抜けている。聞くと、近所に数軒、同業者があったそうだがすべて廃業してしまったらしい。何ごとも続けることは難しいことだ。

店の内部。左側に冷蔵庫があり、半端の余りや追加注文用の野菜をストックする。

さて、野菜を置いていない老舗八百屋の秘密に迫るべく、いまも現役バリバリのお父さまの仕入れに同行させてもらうことにした。助っ人として加藤くんにも同行してもらう。待ち合わせは午前3時。市場の朝は超早い。始発も終電もない時間なので、わが家まで迎えに来てもらった。現れたのは自家用のミニバンで、「加藤青果店」などとは書いていない。案外普通なのね。本郷から大田市場まで、約30分の早朝ドライブへ出発！

「毎日こうやって通っていると、毎日同じところで同じ車とすれ違ったり、同じ時間にラーメン屋さんに麺が届くところを見たりと、同じことの繰り返しです。もともと家業を継ぐつもりがあったわけじゃないのに、もう50年」と、お父さま。

大田市場に到着し、帽子を装着するとふたりはプロの目になった。帽子は仲卸業者や売買参加者がかぶるもので、番号が記されたプレートがついている。これこそ、取引に参加することを認められた証しだ。お父さまはミニバイク、加藤くんは自転車に乗り、いざ場内へ。さすが青果日本一の大田市場。超広い。ふたりはすいすいと目当ての仲卸業者を回り、せっせと段ボールを積み込み、あっという間にミッション終了。最近は、セリや入札を通さず売り手と買い手が直接行う〝相対取引《あいたいとりひき》〟がメインらしく、滞在1時間程度で済むらしい。お父さまと仲卸のお兄さんとで椅子を並べておしゃべりにふけるシーンも見ちゃった。殺伐どころか、ほのぼのとした仕入れだなあ。

●大田市場
東京都が建設した最も新しい市場。青果の取扱高は日本一。

伝票に買参人（ばいさんにん）の番号を記入して仕入れ完了。

広大な市場内は自転車やバイクで回るのが定番。

ミニバンに買った野菜を詰め込んで、いざ帰路へ。

初物の佐藤錦（サクランボ）に目が奪われる。

懇意の仲卸さんと談笑するお父さまの日常。

加藤青果店の歴史は古く、戦前までさかのぼり、加藤くんのお祖父さまが神田青果市場より大八車《だいはちぐるま》で野菜を運び、並べて売ったことにはじまる。1938年のことだ。当初は小売りがメインだったが、お父さまに代替わりしたころから、飲食店などへの卸売りが多くなった。

「バブルのころは結婚式場のレストランなどにも納めるようになって、相当の売り上げがありました。でも、バブル崩壊で卸先が倒産したり、取引が打ち切られたりと、廃業寸前まで追い込まれたことも」と、意外なお父さまの苦労話を聞くことに。商売とは難しいものだ。だが、歯を食いしばって続けるうちに幸せは訪れる。

◉神田青果市場
須田町交差点付近の一帯にあった広大な青物市場。1923年の関東大震災で全滅するが復興。その後、1928年に秋葉原西北に、1990年に大田区（現・大田市場）へと移転した。

◉大八車
大きな車輪のついた荷車。人力で引っ張る。

「そのうちに幼稚園や小学校へ納めるようになり、事業が安定してきました。『自分の野菜で、地域の子供が育つんだな』と思うと、やりがいを感じます」

現在は卸売りがメインなので、市場から仕入れた野菜は、店に持ち帰ったら間をおかずにすぐ、納入先ごとに品物を段ボールに詰め替えて配達。ほんの少しだけ、店頭販売用に残しておくが、店内の冷蔵庫にすべて収納されて、野菜の姿が見えなくなる。これが、八百屋なのに野菜がないワケ。

外食チェーンなどがコスト減に走る中、加藤青果店は品質第一を貫く。

「たとえばキャベツ。安いところだと1玉100円とかでも、うちだと300円ぐらい。鮮度と味には自信があるから、安売りはしない。それに歩留《ぶどま》り（食べられる部分の割合）もいいから、一度うちで野菜を買った人はずっと買い続けてくれるの！」と加藤くん。そんな話をしているうちに加藤青果店へ無事帰還。

老舗八百屋の心意気、十分に感じましたよ！

加藤青果店

学校やレストランなど向けの卸売りがメインのため、八百屋やスーパーのような品ぞろえはない。だが、野菜のおいしさには定評がある。興味があれば一度のぞいてみるか、3代目がやっている『八百八』（P114）へ。

東京都文京区本郷1-8-19
☎ 03・3811・8367

冷やかしでは入れない？　松坂象牙店　ⓘⓝ末広町

サイコロに人生かけるならオーダーメイド＆象牙でなくっちゃ！

サイコロ３つで２万円。象牙。オーダーメイド。

２０１３年、わたしは荒木町の師匠のもとで易占いを勉強していた。勉強をはじめたばかりのわたしは樹脂製の３０００円ぐらいのもの、師匠のは象牙製で「いいなー」と憧れていた。３０００円でも十分高いと思うけどね。さて、易っていうと、竹ヒゴのような細い棒をじゃらじゃらさせて占うのをイメージしがちだが、いまはサイコロを使うのが主流。８面体サイコロ２つ（１つは黒、１つは赤）と、６面体サイコロ１つ、合わせて３つのサイコロを同時にコロリンと転がす。棒じゃらじゃらはいかにも神がかった感じだが、時間がかかり集中力を保ちにくいことと、竹ヒゴのような棒の材料になる植物が入手困難なことからサイコロ方式が主流。また、コインを使う方法や、そもそも道具を使わずに占う方法もある。

◉易（えき）占い
コインやサイコロの目などの偶然の結果を天の啓示として受け止め、占うもの。大きく分けて、周易（しゅうえき）と断易（だんえき）がある。周易は中国の聖典『易経（えききょう）』をベースとした人生哲学のようなもの、断易は五行理論をベースにして具体的な吉凶を占うもの。

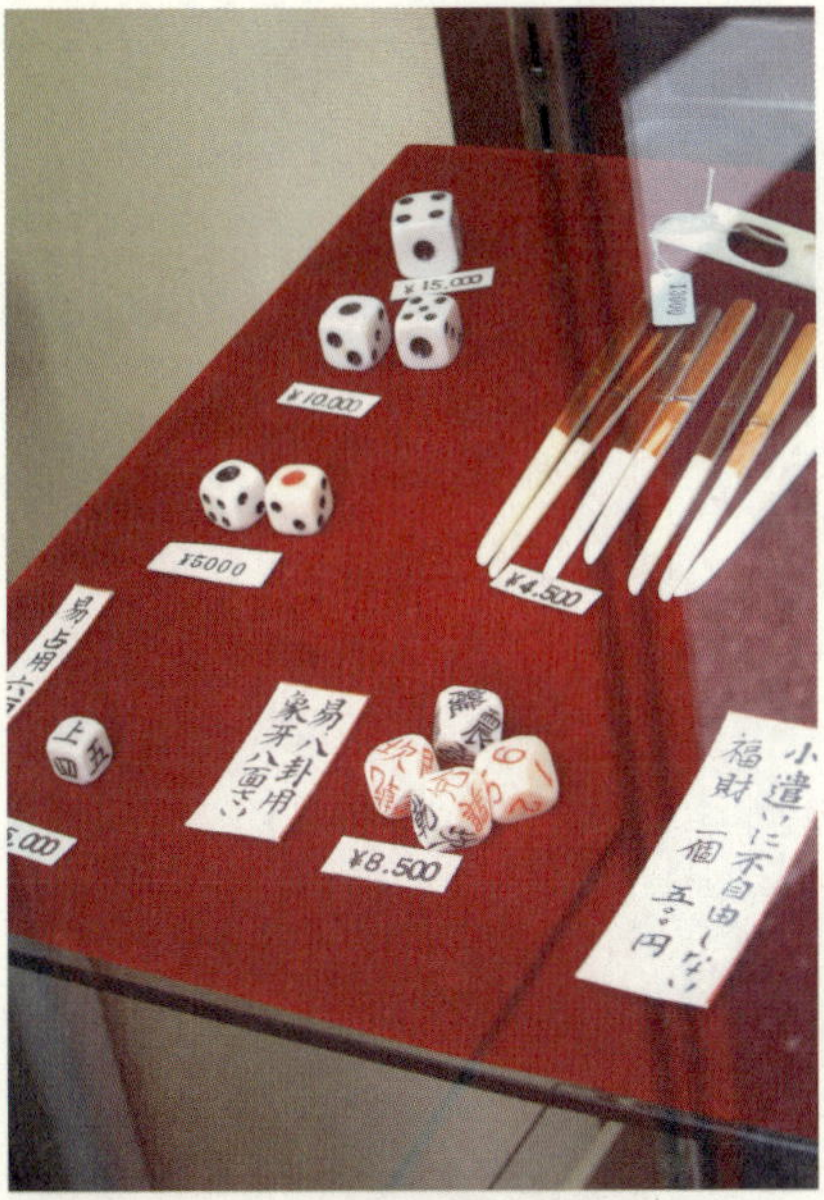

ガラスケースにてサイコロなどを展示。

職人らしい味わい深さを感じさせる文字。

サイコロの目は専用の道具で削る。

店主のお母さまがニコニコしながら店番。

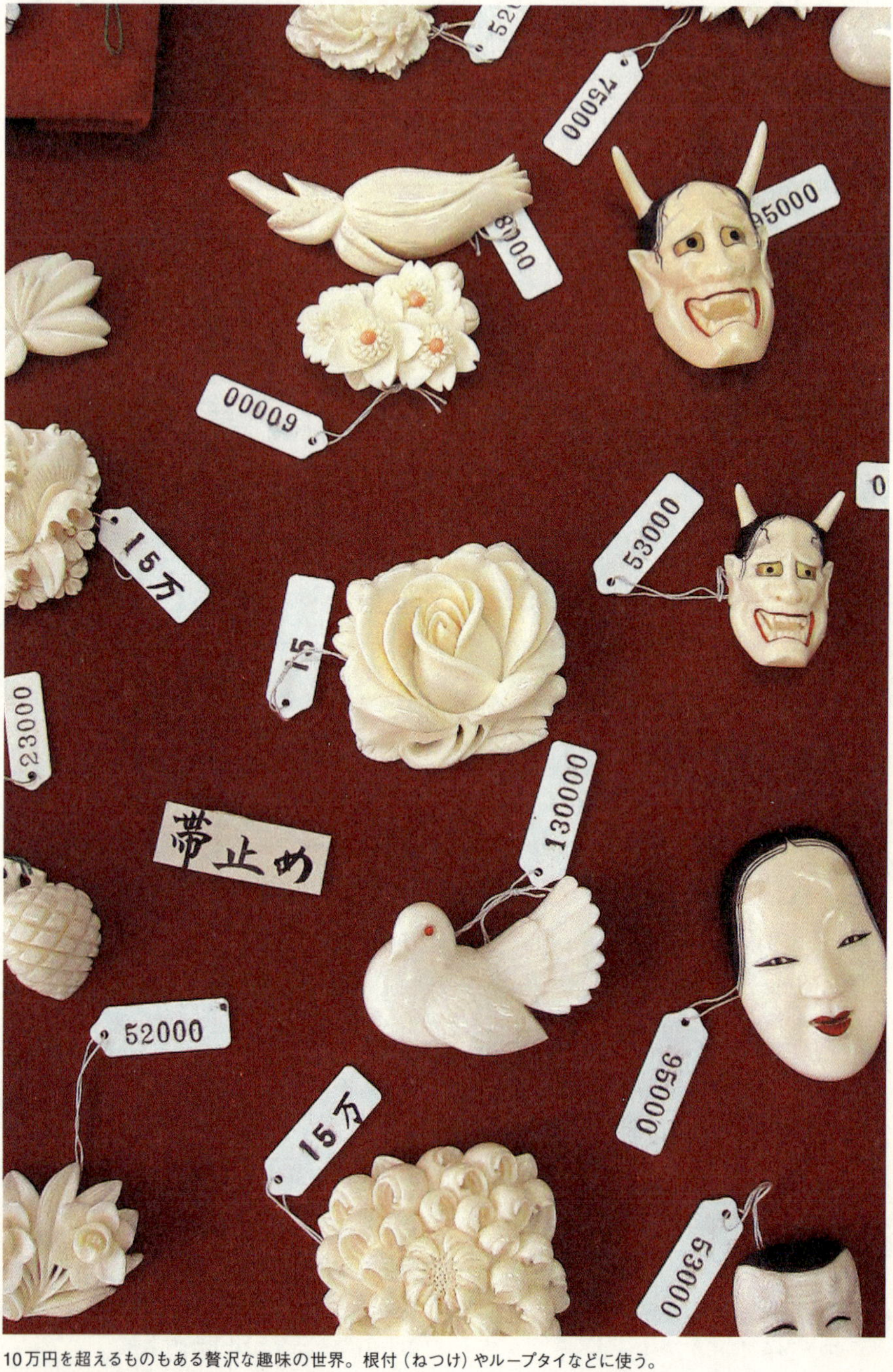

10万円を超えるものもある贅沢な趣味の世界。根付（ねつけ）やループタイなどに使う。

ところでわたしは正真正銘の編集者・ライターだが、かなり熱心に占いを勉強している。勉強しすぎて占い師として『自分でできるコイン恋易占い』という本を書いたほど。本を書いた記念に、サイコロをオーダーしようというワケ。

いろいろ調べて、秋葉原と御徒町のあいだぐらいにある象牙店を発見。都内唯一らしい。ちらっと見に行くと、店内にはかわいいおばあちゃんと腕のよさそうな職人さんがいた。ガラスケースの中に象牙のアクセサリーや印鑑などがぎっしり。これは冷やかしで入れるような店構えではない。入りにくい……けど、こんにちは～。

周易のサイコロはできますか？　と聞くと、「もちろん」と、サンプルのサイコロを見せてくれた。直径1・5㎝ぐらい。ちょっとわたしには大きいかも。

「大きさはどうにでもなるよ。転がり具合を左右する〝角の丸み〟も好きなようにしてあげる」と職人さん。この人の〝仕事〟によって出る目が変わるのか……。占いも賭け事もこの人の〝仕事〟次第。この人は、人の運命を左右する神のような存在!?

出先でも使いたいので小さいのがいいです、と言うと、

「指の間にはまって、うまくふれないよ」と笑われた。

「ウチはモノがいいし、安いよ。象牙もマグロみたいなもんで、いい部位と悪い部位があるわけ」と職人さんが言うが、安いといっても数千円。サイコロは鉄火場《てっかば》と呼ばれた博打《ばくち》場で特殊な人たちが使うものだから、羽振りがいい世界だったのかしら。

◉自分でできるコイン恋易占い
筆者が幸村鶴伎（ゆきむら つるぎ）名義で書いた易占いの本。日本初、易占い専用コイン付きで、すぐに自分で占える。音楽出版社発行。

この耳かきは、実際に試しながら微調整をしてくれる「セミオーダーメイド」。

ところで、材料はどちらから？ と、どうしても気になる質問を投げかけた。

「象牙は20～30年前に確保したもので、いまあるものだけを使うの。新規ではもう入ってこないよ！」とのこと。

わたしのサイコロのために、新しく象さんが殺されるようだったらやめようと思っていた。でも、そういうことなら「象さんを一生大切にします」と注文。つくっているところ見せてほしい、と言ったら、「そんなにヒマじゃねえ。できたら連絡すっから！」と、粋な江戸弁でかわされた（笑）。わくわくしながら完成を待ったわたしの人生初のオーダーメイド品は、８面体サイコロ（黒）７５００円、８面体サイコロ（赤）７５００円、６面体サイコロ４０００円。財布に入るサイズで超お気に入り。

さてここまで読んでくださったみなさまに耳寄りな情報。お買い得品は、ズバリ耳かき。束になったものの中から好みのものを選んで試用し、「当たりをやわらかく・しっかりめに」とか「もうちょっと短く・細く」などの希望を言えば、その場で微調整してくれる。それで２２００円（小）、２８００円（大）とはお買い得。一生モノです。贈り物にも。

松坂象牙店

超ミニサイズ6面体サイコロ500円は、お財布に入れるとお金回りがよくなるとか。また本の保存ケース（帙「ちつ」）などにつける留め具（「つめ」「こはぜ」と呼ぶ）もある。手持ちの象牙製品のメンテナンスにも対応してくれる。

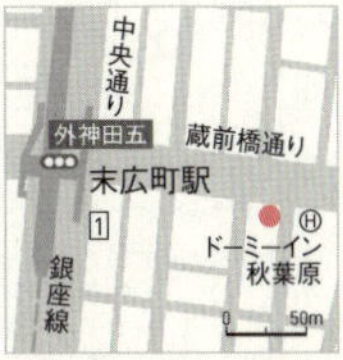

東京都千代田区外神田 4-11-5
☎ 03・3251・5018

隕石パワー炸裂!?　宇宙村 in 四谷三丁目

仏像も隕石《いんせき》も大宇宙からの恵み。宇宙パワーで大開運?

四谷に宇宙人がやってる店があるんです。信じられない。ちなみに、看板には「古美術・骨董・仏像・願いが叶う隕石・流れ星パワーお守り・シール」とある。けれども、ガラス張りのお店を外からのぞくと、仏像やアンティークばかり。どこが宇宙なんだろう?　怪しすぎて、つい足を踏み入れてしまった。

「私の名前は景山八郎、宇宙名をカゲローカッパという」

宇宙人である、ここ『宇宙村』の村長が名刺を差し出した。わたしが渡した名刺には、訪れた日として今日の年月日を書き入れている。案外几帳面な宇宙人さんですね。

「ほら、あんたぼさーっとしないで、この人（わたし）に資料を渡しなさい。バカタレ」と、先に到着して宇宙村の村民にスカウトされかけていたカメラマンが怒られた。カメラマンは焦って、宇宙村に関する資料を店中からかき集めてわたしに手渡してく

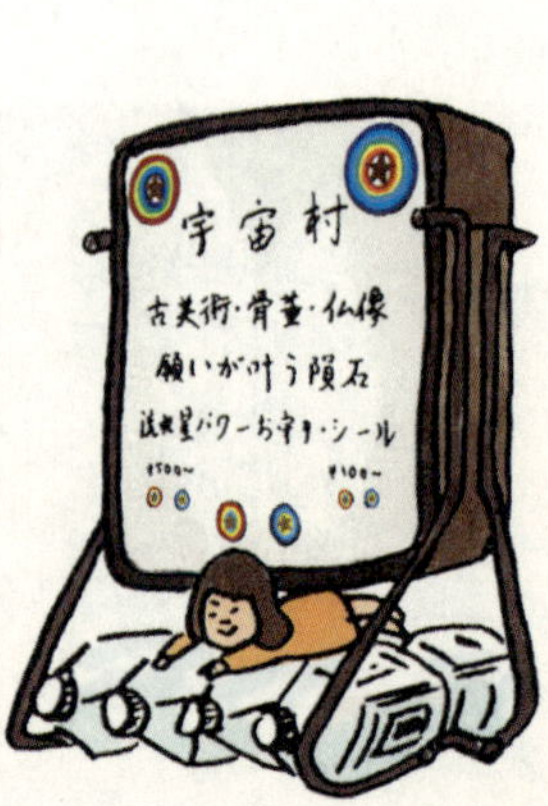

◉隕石
宇宙空間から地球上に落下した物質のこと。

この肌ツヤのよさも隕石効果なのだとか!? 手に持っているのも、正真正銘の隕石（とても重い）。

れた。ざっくり読むと、村長は幼いころから天文学に興味があり、ロケットをつくったことがあり、UFOを呼んだり宇宙人と交信できたりするということがわかった。

そういえば、わたしがこの宇宙村を知ったのはいつのことだっただろうか。確か、数年前に入ったことがあるはずだが何も覚えていない。もしかしたら、宇宙人に記憶を消されたのかも。

「私は地球年齢で78歳。隕石パワーのおかげで、肌はスベスベ！ ほら見てごらん」と言い、村長は腕の内側をわたしの腕の内側にスリスリとこすりつけてきた!! 確かにスベスベだけど、唐突すぎて驚くよ!!

店内にある、ありがた〜い隕石神社。数々の芸能人がここで祈願しで開運していったという。祈願のあとは、村長と記念撮影できるかもしれない！

お賽銭を
お願い

そして、「これを見れば、すべてわかるから」と、いそいそとビデオの準備。

某有名生活情報番組『た○してガッテン』を見せてくれるらしい。内容は、「隕石からつくられたフェリチンという薬がある。それは第二の鉄とも呼ばれ、肌荒れや不眠、うつ症状など、さまざまな症状に効く。簡単チェック法は、あっかんべーをして下まぶたの色を見ること。白っぽかったらフェリチン不足の可能性あり」というようなことだった。村長とわたしとカメラマンとで、30分以上、しめやかに映像に見入る。へー、隕石ですか、フェリチンですか。

「私はね、毎日隕石パワー水を飲んでいるから元気なの。あなた、フェリチン不足しているでしょ？　だから見た目はよくてもオーラがないの」と、プンプンしている。

「それと、フェリチン不足はイライラを引き起こすの。いまの日本にはフェリチンが足りない。だ〜か〜ら、2人に1人が離婚するんだよ!!　でも、隕石パワーがあれば、日本全国夫婦円満。彼氏もできるし、子宝にも恵まれる」と、独自の隕石パワー理論を披露。あれ、村長、そのプンスカ具合、フェリチン不足してません？（なんてね）。

「だから隕石が必要なの。隕石を粉にしたものをカイロにしてお腹《なか》に入れているから、毎日健康。それに、隕石を入れた水にレモンを搾ったもの。鉄はレモンと一緒に摂《と》ると吸収率がアップするから。隕石、買っていきなさいね」

隕石……ちなみにおいくらなんでしょう？　と聞くと、

◉フェリチン
血液中に含まれるたんぱくの一種。体内で鉄を貯蔵する働きがあり、不足すると貧血などを引き起こすといわれる。

◉Twitter
140文字以内の短文を発信したり、共有したりするウェブサービス。ちなみに、宇宙村村長・景山八郎のアカウントは@UCHUMURA

「500円から数億円まで。ほらそこのカメラマンも、隕石を持ってれば仕事いっぱい取れるから」とのこと。だがしかし、隕石ですよ。それより、アンティーク品の合間にこっそり陳列されている昭和レトロな干支キーホルダーがほしいなあ。

「あなたね、隕石を持ってれば本も売れるよ。Twitter《ツイッター》でも宣伝してあげるから」と、ツボを的確についた営業トーク。しかも村長、Twitterなんてやっていらっしゃるの？

「隕石は、こんど担当編集者を連れてくるのでそのときに」と、ひとまず逃れてみた。

「あ、そう、じゃあ隕石にお賽銭100円入れていきなさいね。なんでも願いが叶うから」と言われ、連れて行かれたのは店内の片隅にあるド派手な隕石神社。ご本尊はもちろん隕石だ。

ではではと100円をお賽銭《さいせん》箱に入れてお祈りして戻ってくると、カメラマンが村長に500円を払っていた。この人……隕石買った（→P140では高級自転車を買いそうになる）。それに宇宙シールまで。

あっ、そしていつの間にかわたしのスマホに宇宙シールが貼られてる（笑）。

宇宙村

隕石は、超ミニサイズのものが500円～。宇宙シールは100円～。さまざまなものに貼って運を呼び込んでみよう。隕石神社へのお賽銭は100円～。ちなみに、宇宙・隕石関連以外の骨董品もおもしろいので必見。

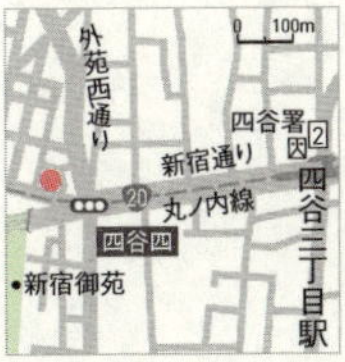

東京都新宿区四谷 4-28-20
☎ 03・3341・5239

心意気ごと、売りましょう

販売という分野で誇りをもって

モノを売るおしゃべり上手でやさしい人たち。

「冷やかしでもいいから寄ってって。

買わなくてもいいから」とおっしゃるのです。

第6章

知らないだけで、行けばハマる技術とサービスのあんな店

旅情を求めず、旅館泊　ビジネス旅館二軒家 in 浮間舟渡

ここはまかないつきの大人の学生寮!?

東京に住んでいるのに、東京の旅館に泊まってこようと思う。「ホテルステイでスパ、エステ☆」といった女子力UP企画ではない。学生時代に、新宿のタカシマヤタイムズスクエアの向かいあたりの木造旅館街を見て、意味わかんないと思った。だが、その景色を感傷的に思い出すことがある。そのときはまだ東京散歩に目覚めていなかったが、いまならわかる。あれが世にいうドヤ街というものではないだろうか。なくなる前に泊まっておけばよかった。しまったなあ。

さて、東京の旅館。連れ込み宿のようなものもあるので要注意だ。いや、もちろんこのジャンルにもニーズはあるだろうが、ウェブサイト「裏日本DEEP案内」にはかなわないのでやめておく。

そこで、ネットで探しまくって、『ビジネス旅館二軒家』を見つけた。「ビジネスマンの強い味方！　東京で炊きたてご飯の朝夕食付」というコメントが、わたしをぐぐ

●ドヤ街
日雇い労働者のための簡易宿泊所が軒を連ねるエリアのこと。

●連れ込み宿
昭和時代のラブホテルのようなもの。

っと引きつける。ビジネス旅館なんだから、新宿や渋谷、池袋のようなターミナル駅で、駅近《えきちか》に違いないと思ったがそうではない。ＪＲ浮間舟渡駅から約8分、都営三田線蓮根駅から約15分と、駅から遠い。

大通りから路地に入り、突き当たり右手に立地。立派な建物で、別館もある。

それでは出かけてみましょう。どれどれほうら、お目当ての旅館は住宅地の路地というロケーション。奥ゆかしくも堂々と「ビジネス旅館」と看板を出してはいても、その日の宿を探すビジネスマンには入りにくいだろう。そもそも、スーツの人どころか、人が街を歩いていないんですが!? エライところに来てしまった。ここは板橋。東京の最果ての地。

看板には「ビジネス旅館」と並んで「和食どころ」という文字が躍る。おや、これは?「旅館に併設して、和食店をやっていたんですが、いまは営業していません」と、主が教えてくれた。白衣着用。やさしそうな人だ。一晩お世話になりますね。めったに来ない板橋区。しかも、東坂下って!? この辺に見どころはあり

◉**裏日本ＤＥＥＰ案内**
日本の裏名所を案内する老舗サイト。吉祥寺の連れ込み旅館『旅荘 和歌水』のレポートが素晴らしい。http://japandeep.info/

ますか？　と聞くと、「なんにもありません」ときっぱり。「自転車乗りの聖地・荒川サイクリングロードが近いので、自転車旅の宿にいいかもしれませんね。もっともいまのところ、そのようなお客さんが見えたことはありませんが」

では、どのようなお客さんがいらっしゃるのでしょう？

「休日は家族連れもいますが、多くは職人さんですね。長い方はもう半年ぐらい連泊していいます。そうした方のために献立は毎日変えるんです。和食の職人が毎日通って料理をつくってくれるんですが、もう30年ぐらいになります。パートさんも長い方ばかりで、干しっぱなしの洗濯物をたたんであげたりと、家族のようなものです」

さて、館内をぐるりと見せてくださいな。どれどれ、スリッパに履き替えて……。館内のあちこちに飾られたレトロな調度品が気になりますね。ガラスケース入りの日本人形、木彫りの布袋さんなど。昭和レトロでいいですねえ。こういうの、実家にもばあちゃんちにも、もうないだろうなあ。そしてあっ、お風呂は男性専用なんですね？　誰もいないうちに男湯へ潜入。5か条の「入浴心得」いいですねえ。ちなみにこれに「おふろはきれいに」と読み仮名が振られている。

「女性は、お部屋にユニットバスがあるタイプを使ってもらいます。うちは料理もお風呂も軟水で健康によく、肌もきれいになるみたいです」

シャンプー、リンス、ボディソープ、歯ブラシ、浴衣、ドライヤーと、アメニティも過不足なし。コイン式の洗濯機と乾燥機も完備で、なかなかの充実ぶり。次は、食

◉荒川サイクリングロード
荒川沿いのサイクリングロード。通称、荒サイ。

ある日の夕食。ボリューム、味ともに申し分なし！

入浴心得は先代が書いたものだという。

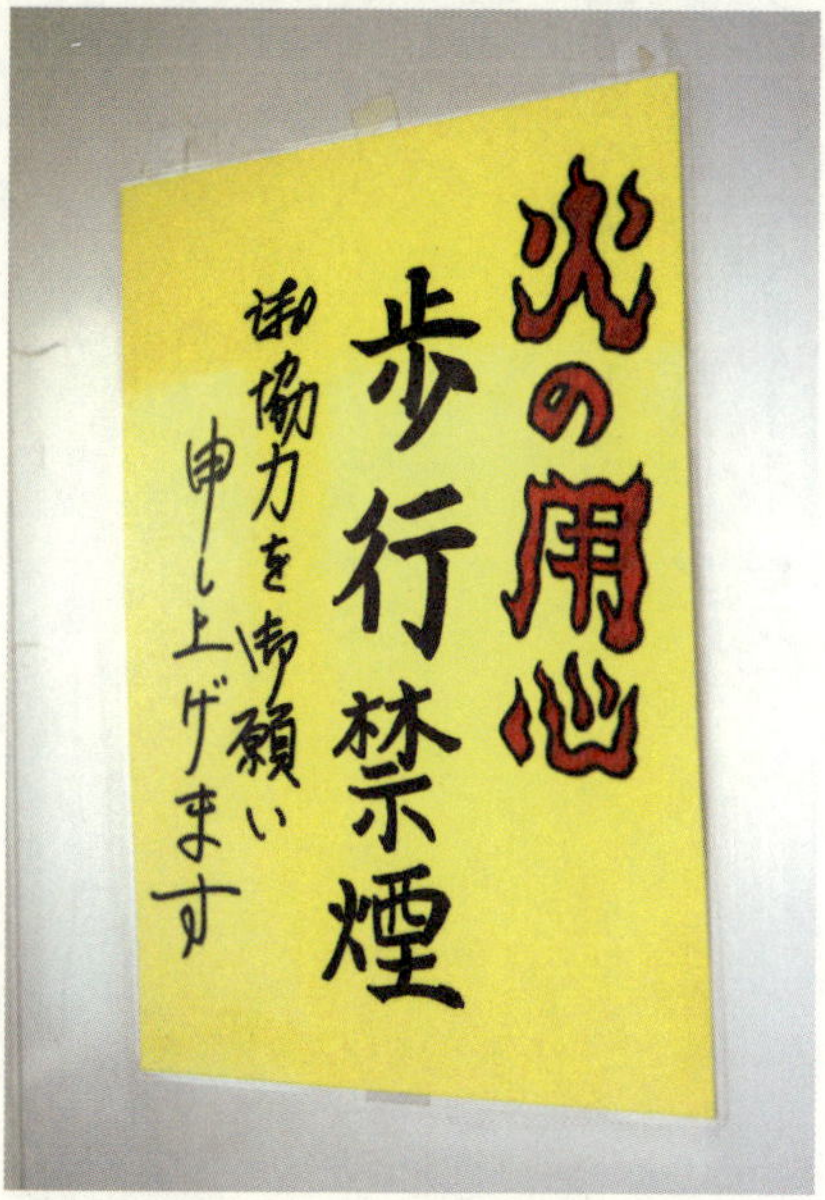

喫煙可の部屋はあるが、共用部分は禁煙。

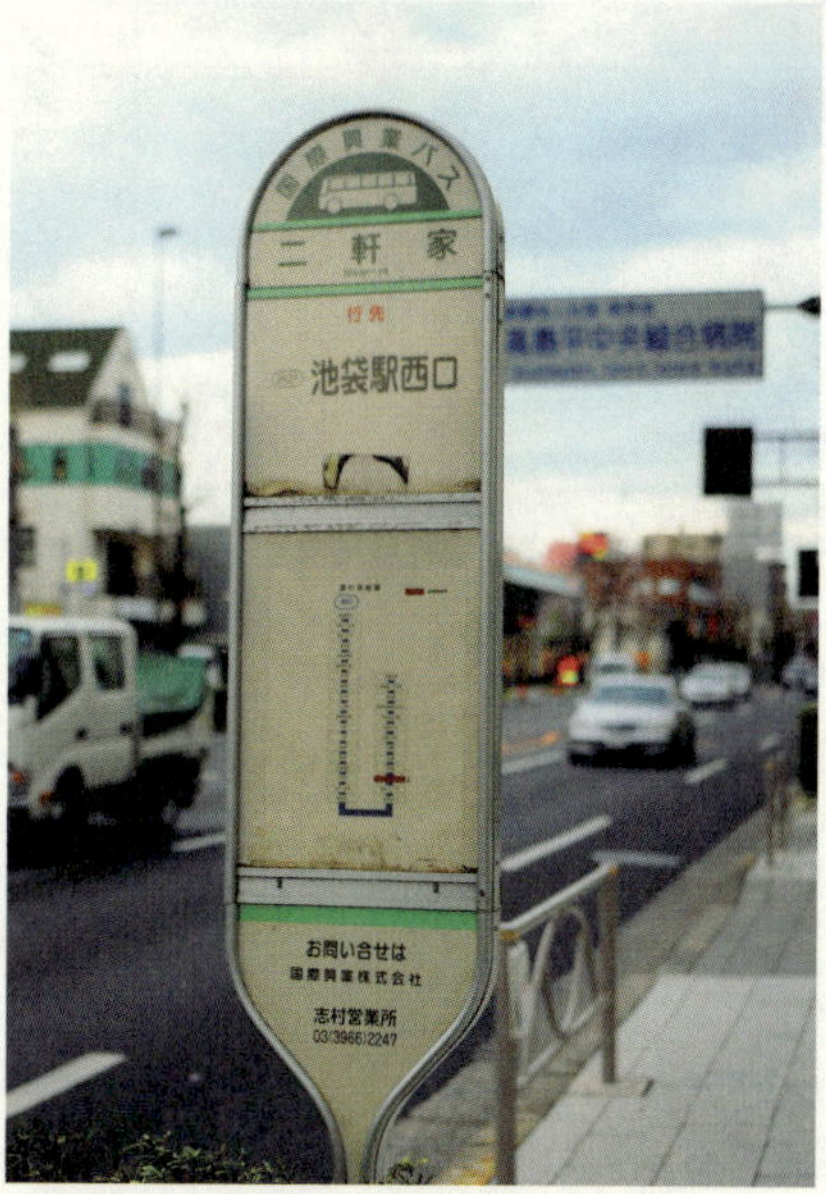

「二軒家」と、バス停の名前にもなっている。

畳の部屋でリラックス。必要なものは過不足なく備わる。

堂を見せてもらうことに。

「食事は、お部屋ではなくこちらです。ご飯はおかわり自由。うちは料理がウリですから、お楽しみに！」

そろそろお部屋でまったりしようかしら。

わたしに用意されたお部屋はごく普通の和室。窓は2面あるが、タクシーがたくさん停まった広大な駐車場が見えるのみ。いいのいいの、レジャーじゃないんだから。夕食まで時間があるので、荷物を置いて軽装で散歩に出かけたが、聞いていたとおりに何もない。バス停を発見。国際興業バスで池袋に行けるらしい。そして、バス停の名前はなんと「二軒家」。バス停の名前になるほどの旅館でしたか。恐れ入りました。後で聞いた話だが、「昔々は本当になんにもなくて家が2軒あっただけ。そこから、二軒家。歴史は古く、お茶屋さん、農機具屋さんなど、さまざまに商売を変えながら5代ぐらい続いている、と伝わっています」とのことだった。

18時、夕食。鶏の唐揚げ甘酢かけ、おかず2品、漬物、ご飯、味噌汁。できたてほかほかで、超美味。どれぐらいかというと「すごく料理上手の主婦が本気でつくってもかなわないレベル」。内容はいたってシンプルだが、この味つけこそがプロの仕事。同宿の人たちはこの食堂にボトルをキープしているらしい。しかも一升瓶。本人たちが食堂に来る前にテーブルの上に出してあった。ワイルドな気配り！

のんびり食べても、まだ時間は19時。お風呂に入りパソコンを開く。Wi-Fi（ワイマックス）もバッチリつながるし、ビジネス旅館ステイらしくさぁ仕事でも……と思ったら、いつの間にか気を失い、起きたら朝だった。夜型のわたしなのにこれは健康的でよい。

6時半、食堂で朝ごはん。塩鮭、海苔、卵……といった例のアレではなく、すべてつくりたて。ご飯、味噌汁、焼き魚、漬物、おかず3品。ああー、しみじみおいしい。最高の朝ごはんだ。おかわりしちゃおうっと。

お部屋に戻りテレビを見てお茶を飲んで、荷物をまとめる。1泊なので荷物は最小限。身軽にチェックアウト。ちなみにチェックアウトは10時までで、チェックインは15時からOK。観光名所もないから最大19時間の完全引きこもりが実現できる。たまった仕事を片づけるのもいいし、なんにもせずただおいしいごはんを食べて寝るだけも、東京最果ての地だからこそ楽しい！

ビジネス旅館二軒家

1泊1名1室朝食付き6048円、2食付き6912円。女性向けのバス・トイレ付きは1泊1名1室朝食付き6912円、2食付き7776円。連泊、団体などの割引あり。

東京都板橋区東坂下2-16-8

☎03・3966・0743

自転車愛好家の聖地　長谷川自転車商会 in 上町

自転車店なのに自転車がほとんどないの、なんで!?

もしもママチャリを持ち込んでパンク修理をお願いしたら怒られそう（いや、言いすぎました。近所の普通の自転車屋さんを紹介してくれるでしょう）。でも、このマニアックな店構え！　入りにくいどころか、どんな自転車があるのか想像もつかないでしょ？　ツーリング車です！

まず、ママチャリを一般車・実用車と呼ぶのに対して、乗ること自体を目的とする自転車がスポーツ自転車。ツーリング車はその1ジャンル。速さや距離を目的とするロードバイクとは違い、自転車旅行を楽しむためにある。そして、こちら『長谷川自転車商会』は、そのツーリング車を主に扱っており、クラシックの自転車パーツをフランス、イタリアなど、世界中から集めて商っている。

しかし、自転車屋さんなのに自転車（完成車）がほんとんどないのには、知らずに入

◉ロードバイク
細いタイヤとドロップハンドル（下向きに曲がったハンドル）が特徴。舗装道路での高速走行ができる。ロードレーサーとも呼ぶ。

った人は驚くだろうなあ。だって、広い店内に謎のパーツだらけだもの。ライトやカギならまだわかる、サドルやチェーンを回すギア（スプロケットという）も、説明されれば理解することはできる。だが、得体の知れない金属片が、ありがたそうにビニール包装され、それなりの価格が付けられているのって！　素人には希少な出土品にしか見えないよ……。でもここそが、世界中の自転車愛好者が訪れる聖地なんですってね。

健康のため、日常の移動のためではなく「趣味で乗る」。趣味の自転車の世界は奥深く、楽しいのである（共感）。

レジ前にテーブルと椅子が出され、簡易応接セットが完成。奥さまがコーヒーを運んできてくれた。すると、長谷川弘さんと話し込んでいた常連と見える男性も着席し、なぜか取材に参加する姿勢を見せる。すると、待ってましたとばかりに、長谷川さんが話しはじめた。

「創業は1932年。東京で2番目に古いスポーツ自転車専門店です。わたしは2代目で、初代はこの場所からちょっと離れたところで創業しましたが、東京オリンピックを契機に、いまの場所に移転してきました。うちには、大宮政志《まさし》という選手が1964年の東京オリンピックで走った自転車を飾っているんですよ」

その自転車は当時のモノクロ写真とともに、大切そうに壁にかけられてあった。

「片倉シルク号っていうんだけどね。片倉工業が設立した片倉自転車工業がつくったから『片倉』。群馬県の富岡工場（富岡製糸場）が世界遺産になったでしょう。それも片倉工業のもの。だから『シルク』」

へえ、貴重なものをお持ちなんですね。それから、長谷川さんが日本全国を旅した自転車や外国製の自転車パーツ、自転車の画集や雑誌『ニューサイクリング』などを見せてもらった。ちなみに、ニューサイクリングは休刊が決まり、在庫を安売り中だった。ツーリング車ブームを牽引したこの雑誌に、長谷川さんは連載を持っていた。なんだかさみしいですね。

◉大宮政志
1964年東京五輪ロード代表選手。現在は昭和第一学園高等学校の自転車競技部コーチ。

◉ニューサイクリング
1963年創刊。日本最古の自転車専門雑誌。ツウは、ニューサイと呼ぶ。

中央上部の自転車がまさに、東京オリンピックを走った自転車（実物）。

「だから、うちに来た人には自転車を好きになってもらわなきゃ」と長谷川さん。自転車好きの裾野を広げなきゃですよね。わたしはまあまあ高級な小径車《しょうけいしゃ》に乗っているから自転車はすでに好き。同行のカメラマンを標的としよう。

「え〜！　自転車には2万円ぐらいしか出せないから、この棒（サドルを取り付けるシートポスト）しか買えないです〜！」と焦っていた。

「最後に、うちの前の店を紹介するからね」と、お向かいの『サイクリングショップ ツバサ』へ全員で向かう。ここの店主は、長谷川自転車商会がきっかけで自転車

◉**小径車**
タイヤの径が小さい自転車。ミニベロ（ベロは自転車の意味）ともいう。

長距離走る自転車には必須の携帯ポンプ（空気入れ）。

話しだすと止まらない長谷川さん。

往年の5、6、7段は健在、とのことだがよくわからない（笑）。

車輪が空回りする機構の部品らしいがよくわからない（笑）。

界の人となり、向かいに店を持った。ここでは6万円台の完成車を売っているし、長谷川さんのところよりは気楽な感じ。店内にはやはり常連客がいて、自分の自転車をメンテナンス中!? 自宅でやればいいのに、マニア向け自転車の世界ってわかんないな〜。

あれ、でも宇宙村（↓P126）の取材で隕石を買わされた、NOと言えないカメラマンの目が真剣だ。三十数万円の自転車に目がくぎづけのようすですが、今度は自転車を買おうとしているの？

さて、長谷川自転車商会はパーツを売っている店だが、ここでパーツをそろえてイチから自転車を組むのは無謀。たとえばヤフオクで古めの完成車を落札して、長谷川自転車商会に持ち込む。そして、長谷川さんやツバサさんに助けを求めながらパーツを交換したりしながら、少しずつカスタムしていくのとか楽しそう！

長谷川自転車商会

「カメラにたとえるならライカ。それもライカのパーツだけ売っているようなもの」と言うほどマニアックな店だが、ベルやカギなどの普通のものもある。長谷川さんのお話を聞きにいく目的でも楽しいかも !?

東京都世田谷区世田谷 1-45-5
☎ 03・3420・3365

文字にうっとり　佐々木活字店 in 神楽坂

美しき活字世界への扉は、あなたに向かって開いている

今日の取材は名刺交換からはじまらない。なぜなら、わたしの名刺をずっと刷ってくれているところの取材だから。昨日は、ずっと仲良くしている三共グラフィック（印刷所だが残念ながら本書の担当ではない）のOさんと神楽坂のスナック巡りをしていた。「明日、榎町の『佐々木印刷』に行くんですよー」と自慢したところ、「あの辺ってこまごまとした印刷所がまだありますもんね。昔の印刷は分業制で、写真の分解だけをするところ、折りだけをするところ、活字だけをつくるところなど、いろいろあったんですよ。とくに新宿には多くて『新宿でもっとも盛んな産業は印刷』っていわれていた時代もあるみたい」（神楽坂も新宿区だしね）などと入れ知恵をしてくれたので、取材準備はバッチリだ。

さてここで、そもそも「活字」とは？

●写真の分解
印刷の原稿とする写真を、色の成分（C・M・Y・Kの4色）に分解し、データとして保存すること。

●折り
製本の際の折り加工のこと。1枚の紙の表に8ページ分、裏に8ページ分を印刷し、それを折って、1枚の紙が16ページになるように加工をするのが一般的。

わたしの名刺の版。5年前からずっとコレ。かっこいいと好評。書体は宋朝体（そうちょうたい）、ロゴは樹脂活版。

「活字離れ」「活字中毒」などと使うときは印刷された文字全般を指すが、もともとは文字を印刷するための文字スタンプのようなものを活字という。ざっくりいうと、その1スタンプに対して1文字を刻み、それを組み合わせてページを刷るのが「活版印刷」。家庭用プリンターや電子書籍の普及により活版印刷どころか印刷自体がすたれるなかで、佐々木活字店はいまやとても希少な存在。鉛を溶かして1文字ずつ活字をつくったり（鋳造という）、それを組んで印刷をしたり、同業の活字店に活字を売ったりと、活字にこだわりまくる姿勢には惚れ惚れする。でも、多くの人にとって「入りにくい店」どころか、「自分に関係ない店」なんだろうなと思ったので、広く周知してもらうために取材を決意。そして、「出版の現場にいる人は一度は見るべし」と思い、本書の担当編集者とデザイナーも強制的に連行することにした。

「来週の木曜だったら、鋳造も印刷もやってるはずだから、10時ちょっとすぎにおいでよッ」と、受付担当の塚田正弘さんに指定されていたんだっけ。だから今日は特別に、名刺を受け取るいつもの客用出入り口とは違うところから入店だ。

　工場部分は1階が活字をたくさん収納した棚と、その奥に印刷スペース。

「出版社や新聞社から手書き原稿が届いたら、その原稿通りに活字を拾うのが文選《ぶんせん》という仕事。昔は棚3列につき1人の職人がいてね。活字は、使用頻度が高い順に、大出張《だいしゅっちょう》→小出張《しょうしゅっちょう》→泥棒と分けられているの。一刻を争う仕事だから、なるべく早く活字を拾えるような順番、レイアウトになってんだよ！」と塚田さんが教えてくれた。

活字を拾うことを「文選」といい、知識と熟練を要する仕事である。

今日は、年配の女性職人がひとりで黙々と活字拾いをしている。

さて、活字の鋳造は2階だ。基本的に活字は、一度印刷したらそれっきりで再利用しない。また溶かして鉛液にして鋳造して……という流れとなる。ここでは、4代目が朝から晩まで、溶かして固めて……と、ひとりで作業している。いくつかの鋳造機械のうち、もう使えないものも2台くらいある。部品取り用に置いてあるのだ。機械をつくるメーカーも、もうおそらく日本にはない。

そしてこのフロアでは、何より貴重な「母型《ぼけい》」が大事に保管され現役で活躍している。母型とは活字の文字スタンプの〝型〟となるもの。活版印刷をやっているところでも自社

活字を正確に拾うために、考え尽くされた並びになっている。

黙々と働く4代目。ここでは、活字を溶かしてまた鋳造するという作業が行われる。

母型がズラリと並び、大切に収納されている。

失敗作は再度溶かして鋳造するために箱にためる。

こちらも母型。これをつくれる人はもういない。

さまざまな機械や道具が並び、時が止まったよう。

で母型を持っていないことが多いが、佐々木活字店には母型が豊富にある。これは貴重な財産だ。ただ、これをつくれる職人がもういないので、あるものだけで運用していかなければならない。

……と、ここまで〝すたれゆく系〟の話ばかりだが、まだ若い4代目には夢がある。

「まずは、活字や活版印刷を知らない人に、存在を知ってほしいという思いがあります。そのために、2年前から無料の見学会をはじめました。毎月どこかの土曜日に、1回やっています」とのこと。これがなかなか好評らしい。広くない工場なので、定員6名と競争率は高いが参加する価値はあるだろう。

同行のデザイナーは「活字っていいよね」と、すっかり目がハート。でも、憧れを口にするだけじゃなくて、現実的にこういう現場に仕事を発注しなければね。仕事がなければ技術は残らない。というわけで、個人の方は名刺から、出版社さんや同人作家さんは数ページの印刷からどうぞ。予算の目安はざっくりと、最初の型をつくるのに2000円、最初の100部2500円というところ。ロゴマークや手描きのイラストだって原稿になるし、紙もインクの色も選び放題。これはもう佐々木活字店に駆け込むしかない！

佐々木活字店

名刺は、最初の型をつくるのに約2000円、最初の100部約2500円が目安。型ができてからの増し刷りは100部約2500円前後だけ。用紙の形や色、材質、色などにより価格は前後します。年賀状の発注もOK。

東京都新宿区榎町75
☎03・3260・2471

column2

路上占い・街の占いってどうなのか

よく見かけて、気になるけれど入りにくいもの……それは占い。

四柱推命、断易、周易など、東洋の占いがひと通りできるのが、わたしの自慢。占い好きから、「当たるのはなぜ?」と好奇心が出てきて勉強しまくって、幸村鶴伎《ゆきむらつるぎ》という師範名をもらったほど。この企画には自信があるので、お役立てくださいね!

占いというと、「運命鑑定」と書いた行燈《あんどん》を掲げた路上占い師を思い浮かべるのでは? 最近あの辺どうなってるの? と、路上占いのメッカ(夜だけ)である新宿駅、○○○デパート前を見に行ったけど、どうも……。ある筋に相談する

観光地の安い占いなら「外れても楽しければいいか」ぐらいのレジャー気分で。

日本で一番わかりやすい易占いの本。開運コイン付き。Amazonや楽天でどうぞ!

と、「昔のような街占家《がいせんか》がいなくなりました。暗くて神気の弱いのはいけません。残念ですが凄腕《すごうで》の街占家は日本全国でも数人しかありません」（概要）とのこと。「神気」は「しんき」と読み、神がかった凄み、というところでしょうか。占い師本人が負のオーラをまとっているようでは相談したくないですよね。それに、変な勧誘目的などおかしな輩《やから》が混じっているかも。

次に、商店街などで見かける「占い館」的なもの。これは、さまざまなレベルの占い師がいます。女性だと、おとめ座とかみずがめ座とかの響きから西洋占星術、絵柄の華やかさからタロットを好みがちだけど、個人的には東洋の占い（ざっくりいうと、漢字の名前の占い）を推薦。奥深い東洋哲学が背景にあって、「当たった・外れた」で一喜一憂する以上のメッセージが受けられるから。

さてここで、占いの基礎知識を。占いは大まかに、「命（めい）」「卜（ぼく）」「相（そう）」の3つに分けられます。命は生年月日、卜はカードなどの偶然的なもの、相は手相などの〝かたち〟から占います。占われる側のテクニックとしては、「命」で自分の宿命を知り、「卜」で現在の問題の成り行きと対処法を知るのがいいでしょう。「四柱推命か算命学（命）と断易や周易（卜）で観てほしいです」となど相談できるといいですね。プラスで、家相や人相（メイクなど）のアドバイスをくれる占い師だと最高（だと思います）。相場は、30分5000円。高すぎても安すぎてもいけません。

『入りにくいけど素敵な店』、いかがだったでしょうか？　入りたいけれど、入れそうにない、でもやっぱり入ってみたい！

そういう店を、名刺一枚で取材できる編集者・ライターの仕事は恵まれているなあ、と思います。とはいえ、はじめてドアを開けるときの緊張はいつまで経ってもなくなりません。

そして、最初はおっかなびっくりでも、いろいろお話を聞いているうちに、別れ際は去りがたい気持ちでいっぱいになるのもいつものこと。

わたしは人間が好きなんだなあ、と思う。それと、どんなジャンルでも、自分の仕事に対する美意識を持っている人は素敵だと思う。本書でご縁を得た人は、みんなそうだと思います。

この一冊を書き上げるのは大変でしたが、終わりとなるとさみしく、感傷的になります。懐かしく思い出すのが、「入りにくい店なら○○

○に行ってきなよ！」と周りの人に、たくさんの情報をもらったことです。どんな街にもある、〝気になるあの店〟。なくなってからでは遅すぎるので、一度は入ってみてくださいね。ちなみに、本書に掲載させていただいた店はすべて入りにくいですが安心してお出かけください。

最後に、多くの方に御礼を。「本を書いて」と声をかけてくれたわたしの後輩（担当編集者）。あなたとわたしが勤めた出版社からこのような本を出せたことは光栄です。ありがとう。

取材が立て込んでそろそろパニック！となる前にカメラマンが取材に参加してくれることになり、頼もしく思った。田中舞さんありがとう。

それと、デザイナーの斉藤いづみさん、イラストレーターのわかばやしたえこさん、自腹で取材についてきてくれたわたしの友達など、全員のお名前を書ききれませんが、ありがとうございました！

散歩の達人POCKET好評既刊本

日々の散歩で見つかる山もりのしあわせ

大平一枝

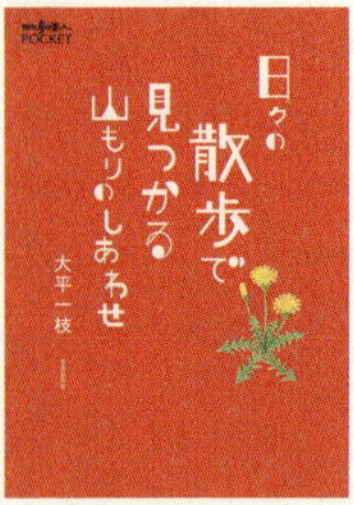

欲ばりな大人のためのお散歩バイブル

時間がありあまるほどあった若い頃と違って、主婦の散歩は24時間の中でなんとかひねり出した時間だからこそ、無駄なく楽しみたいもの。せっかく歩くなら、出会ったものを暮らしにとりいれたり、活かしたい。自分の生活や価値観や美意識がちょこっと上がるような出会いができて、思いがけない場所に友達が増えたり、家庭以外の居場所が増える。節約できる。どうせならそんなオマケの得られる、歩いて帰ったら生活に生かせる街歩きを。本書は主婦のための“新散歩ライフ”の提案です。

2014年12月10日発売　ISBN:978-4-330-52014-8

今夜も孤独じゃないグルメ

さくらいよしえ

女子、アラフォーにささぐ〝東京夜の手引き〞

たまのおひとりさまも楽しい。けれど、やっぱりぽっち酒だけじゃ始まらない！　お酒を飲み始めて約20年、数々の横丁や街さんぽを連ねてきた“せんべろ”ライター・さくらいよしえがさまざまな「今夜の友」と繰り出す、ドラマな東京さんぽ。寺町の谷根千から山の手のターミナル、再開発で変わりゆく思い出の住宅街など、個性ある16の街を舞台に、元上司や同僚、誰もが思い当たる連れと、飲んだり食べたり、街の名所や寺社に寄ったり、買い物したり。同世代アラフォー女子にささげる、“東京夜の手引き”な一冊です。

2014年12月10日発売　ISBN：978-4-330-52114-5

よそさんが心地いい京都

中野弘子

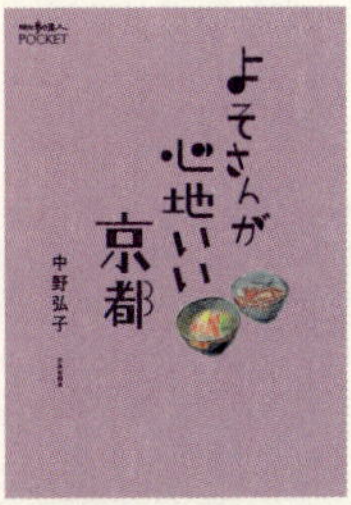

この一冊で京都をスマートに楽しめるようになります

京都はよそさん（観光客）に怖い街！　と思っていませんか？　確かに「一見さんお断り」「誇りが高い」というイメージがあるけれど、よくよく知るとそれは人へのおもてなし意識の表れだったりする。この本では、生まれも育ちも京都で、地元情報誌の元編集長の「京都コーディネーター」が、長年の取材や生活の中で経験した、「本当に心地いい京都」を教えます。よそさんでも地元人と同じ温度を感じることができる店、場所、人、風景、ノウハウを大公開！

2015年3月10日発売　ISBN:978-4-330-55115-9

オンナひとり、ときどきふたり飲み

沼 由美子

お酒はほどほど……のあなたにこそおすすめ

今やすっかり、珍しくもなくなった女性のひとり飲み。せっかくなら自分の好きな店で好きなお酒を好きなペースで。お酒もツマミもできればおいしい方がいい。さらにおもしろい立地やシチュエーションなら、なお心が躍る！　本書は、プライベートでも“スキマ飲み”大好きなグルメライターが、ひとり（たまにふたり）でくつろげる女子飲み秘蔵スポットをご紹介。「お酒はほどほど……（でもいろいろ楽しみたい！）」というあなたにこそ、おすすめの一冊です。

2015年3月24日発売　ISBN:978-4-330-55215-6

木村悦子　きむら　えつこ

編集プロダクションミトシロ書房主宰。月刊・週刊誌の執筆、書籍の企画・編集を手掛ける。得意ジャンルはグルメ、料理、ペット、散歩。最近は写真撮影込みの取材も解禁。伊勢瑞祥（四柱推命）、冨樹麗舟（周易）、JOJO広重（断易）門下で占い修業中でもある。2011年上智大学法学部法律学科卒業。

http://mito-pub.net/

入りにくいけど素敵な店

2015年6月30日　第1版発行

著者	木村悦子
デザイン	斉藤いづみ [rhyme inc.]
イラスト	わかばやしたえこ
撮影	田中 舞　木村悦子
地図	ユニオンマップ
編集	萩原友香
編集人	土屋広道
発行人	江頭 誠
発行所	株式会社 交通新聞社
	〒101-0062　東京都千代田区神田駿河台2-3-11 NBF御茶ノ水ビル
	編集部☎03・6831・6560　販売部☎03・6831・6622　http://www.kotsu.co.jp/
印刷／製本	凸版印刷株式会社

ISBN978-4-330-57415-8